CONVERSANDO COM OS ANIMAIS

GARY M. DOUGLAS E DR. DAIN HEER

ACCESS CONSCIOUSNESS PUBLISHING

Título original: *Talk to the Animals*

Segunda edição
Copyright © 2013 Gary Douglas e Dr. Dain Heer
Access Consciousness Publishing
www.accessconsciousnesspublishing.com
Primeira edição publicada pela Big Country Publishing em 2012

Conversando com os animais
Copyright © 2022 Gary Douglas e Dr. Dain Heer
ISBN: 978-1-63493-006-2
Access Consciousness Publishing

Arte da capa: Katarina Wallentin
Fotografia de Gary Douglas e Destino feita pelo Dr. Dain Heer
Design do miolo: Anastasia Creatives
Imagens do miolo: © Etunya dreamstime.com
Imagem da contracapa: © Adam Kazmierski istockphoto
Traduzido do inglês por Camila Milagre.

TORNANDO-SE O DR. DOLITTLE ...

Sumário

Capítulo um 🐾

COMUNICANDO-SE COM ANIMAIS

Muitas vezes, supomos que se fizermos uma pergunta a uma pessoa, ela nos dará uma resposta direta. Infelizmente, muitas vezes nos enganamos sobre isso. Os animais, no entanto, sempre nos darão uma resposta direta, mas não em termos verbais. Cada animal tem sua própria maneira de se comunicar, mas todos eles têm uma coisa em comum. Eles não se comunicam com palavras, mas com imagens. Para nos comunicarmos com os animais, também temos que aprender a nos comunicar por meio de imagens. Felizmente, isso não é difícil.

Quando comecei a aprender a comunicação com os animais, tive uma experiência maravilhosa com um lobo. A senhora que o possuía ia fazer uma viagem à Europa para comprar cavalos. Ela ficava dizendo ao lobo: "Estou indo embora e voltarei". Quanto mais ela dizia isso para ele, mais inquieto ele ficava, até chegar ao ponto em que não conseguia dormir nem sair do lado dela. Finalmente, ela me ligou e perguntou: "Você pode me ajudar com isso?"

Sempre que houver um problema, deve-se sempre perguntar ao animal o que está acontecendo. Eles sempre sabem o que é melhor para eles e podem lhe dizer o que está acontecendo – se você perguntar a eles. Você tem que parar de partir do ponto de vista de que tem a resposta porque é humano e é capaz de pensar. Pensar, aliás, não é sua melhor habilidade, é a sua pior. Pare de pensar no que pode estar acontecendo com o animal e apenas faça uma pergunta. Se você fizer uma pergunta a um animal, ele lhe dará a resposta.

Perguntei ao lobo o que estava acontecendo, e uma enxurrada de informações chegou a mim como imagens. Quando os animais se comunicam, eles dão a você uma imagem completa. Eles não dão apenas pedaços. Eles lhe dão tudo de uma vez, porque não têm um conceito de uma realidade linear, que vai se construindo. Nosso conceito de realidade como linear é um construto, não é verdadeiro. Os animais têm uma imagem holística que é mais circular e maior do que a que estamos dispostos a ter em nosso próprio universo. O lobo estava me dando tanta informação de uma só vez que eu não conseguia descobrir o que ele estava me dizendo.

Eu disse: "Você tem que desacelerar. Faça em câmera lenta para que eu possa entender." Ele diminuiu a velocidade e comecei a captar imagens de como a senhora iria embora, fato que para o lobo significava que ela iria morrer. Também me disse que ele e a senhora tinham uma longa história juntos por muitas vidas. Ele me mostrou imagens de vidas passadas que tiveram juntos, morreram, voltaram juntos em outra vida, e que eles correram juntos, caçando e trazendo carne.

Eu disse ao lobo: "Mostre-me o que aconteceria se ela fosse correr com você novamente." Ele me deu uma imagem da senhora indo embora e voltando com carne.

Eu disse à senhora: "Diga ao seu lobo que você vai caçar e voltará com carne."

Ela perguntou: "Bem, como eu faço isso?"

Eu disse: "Apenas mostre a ele como uma imagem. Você vai sair e vai voltar com carne."

Assim ela fez, e o lobo relaxou imediatamente, deitou-se e foi dormir pela primeira vez depois de quatro dias.

Seria bom se eu soubesse disso antes

Seria bom se eu soubesse disso sobre os animais antes. Anos atrás, tive um *dogue alemão*. Ele era um ótimo cachorro. Ele tinha 106 centímetros de altura até o ombro e gostava de andar comigo no meu Thunderbird 1957. Ele entrava no Thunderbird, ficava em pé acima da minha cabeça e depois rolava para dentro da cabine, a fim de andar de carro. Ele preferia ficar no carro o dia todo do que ficar sem mim.

Quando eu saía de casa sem ele, sua atitude era levar todas as minhas roupas sujas para fora – para o quintal – e cavar crateras. Havia crateras por toda parte. Meu senhorio não ficava muito feliz comigo por causa disso. E claro, eu não ficava feliz vendo minha cueca suja no gramado. Também duvido que os vizinhos gostassem disso. Depois que trabalhei com o lobo, percebi que se eu estivesse realmente me comunicando com meu *dogue alemão* e tivesse dado a ele a imagem de que estava saindo e voltaria, tudo ficaria bem.

Animais sabem o que querem

Você precisa estar ciente do fato de que seus animais são mais conscientes do que você. Eles sabem o que querem e vão lhe comunicar isso, se conseguir receber o que eles estão lhe dizendo. Uma senhora me ligou recentemente e disse:

"Tenho a impressão de que meu gato não está feliz. Ele fica tentando sair."

Eu disse: "Bem, talvez ele não queira mais ter você como a casa dele."

Ela disse: "Não, eu o amo tanto."

Eu disse: "Supere isso. Não se trata de amá-lo ou não. Pergunte-lhe se ele quer uma casa nova."

Ela assim o fez e o gato disse: "Sim."

Eu disse: "Então, abra a porta e deixe-o ir." Foi o que ela fez.

Dois dias depois, outro gato apareceu em sua porta. Era como se o novo gato estivesse dizendo: "Ok. Desculpe, mas estamos trocando de casa. Eu não gosto da minha casa. Você vai para lá. Essa senhora é legal. Ela vai tratá-lo muito bem, mas eu quero sua casa. Saia." Eles estavam brincando de "dança das cadeiras", mas com casas.

Você quer ser meu cavalo?

Cavalos, particularmente, sabem exatamente o que querem. Tive um cavalo *puro-sangue* enorme que adorava. Eu estava no Texas e perguntei às pessoas que eu visitava se tinham cavalos à venda. Elas disseram: "Sim, temos este excelente cavalo *quarto de milha* pardo e temos aquele *puro-sangue* cinza muito estúpido ali."

Olhei para ambos os cavalos e disse: "Vou ficar com o cavalo estúpido." Montei o cavalo "estúpido". Era um animal maravilhoso. Eu o adorei. Perguntei a ele: "Você quer ir para a Califórnia?"

Ele disse: "Sim."

Perguntei: "Quer ser meu cavalo?"
Ele disse: "Talvez."

Perguntei: "Você quer ser de outra pessoa?"
Ele disse: "Talvez."

Perguntei: "Você quer ser de uma garota?" "Talvez."

Perguntei: "Você quer ser de um garoto?" "Talvez."

Todas as respostas eram "talvez". Levei-o para a Califórnia. Quando o montava, a experiência de cavalgar era maravilhosa, então dizia: "Acho que você quer ser meu cavalo mesmo." Então, ele fazia algo selvagem, fora de controle, e me enrolava. Ele nunca me derrubou, porque não era esse tipo de cavalo, mas fazia algo que me mostrava que não queria ser meu. Ele só estava sendo tolerante e gentil comigo. Continuei perguntando a ele: "Que tipo de pessoa você quer como seu dono?"

Um dia, Dain foi ao estábulo comigo e estava me ajudando a retirar o esterco com a pá, e o cavalo continuou vindo atrás do Dain, colocando sua cabeça contra ele e empurrando-o. Dain dizia: "Vá embora. Não me empurre enquanto estou tirando merda de cavalo."

Quando fazia o cavalo correr ao redor do cercado, ele dava uma volta e parava exatamente onde Dain estava, corria ao redor do cercado e parava onde Dain estava, corria ao redor do cercado e parava onde Dain estava. Não prestei atenção nisso. Não sou muito esperto.

13

Um dia, eu perguntei a ele: "O que se requer para eu encontrar um novo lar para você? Por quanto vou ter que vendê-lo? Cinquenta dólares? Cem dólares?" Quando cheguei a 12 mil dólares, ele disse: "Bem, possivelmente". E quando cheguei a 15 mil dólares, ele disse: "Sim, definitivamente".

> Eu disse: "Para vendê-lo por 15 mil dólares, você terá que saltar até a lua."
>
> Ele disse: "Algum problema nisso?"

Eu nunca havia tentado fazê-lo saltar. Então, coloquei um obstáculo no cercado. Ele conseguia saltar uma cerca de mais de um metro a partir de um ponto parado. Eu disse: "Ok!"

Eu o treinei para ser um saltador e depois o levei a uma exposição de cavalos, onde encontrei algumas pessoas que achavam que gostariam de ficar com ele. Levaram-no para casa. E só por diversão, eles o inscreveram em uma exposição e ele ganhou em sua categoria. Concordaram em comprá-lo por 10 mil dólares.

Assim que o levaram para casa, decidiram levar a sério o trabalho com o cavalo e, de repente, ele começou a se comportar mal. Queriam que ele pulasse cercas, mas ele não queria trabalhar. Quando me disseram que o levariam para a exibição, "só por diversão, só para ver o que ele poderia fazer", ele ganhou em sua categoria, mas não é um cavalo que gosta de trabalhar. Ele adora brincar. Aliás, o nome dele é Playboy, e ele escolheu esse nome.

Por fim, eles me devolveram e disseram: "Não vamos comprá-lo porque ele não salta os obstáculos corretamente e não executa o que lhe pedimos para fazer."

> Eu disse: "Ok, tudo bem."

Eu o trouxe de volta ao estábulo, e quando o fazia correr pelo cercado, ele continuava parando em frente ao Dain, mas eu ainda não tinha prestado atenção naquilo.

Um dia, quando Dain e eu fomos para o campo para cavalgar, Dain pediu: "Posso montar o Playboy?"

Eu disse: "Não, ele vai sumir com você."

Então me lembrei de quando estávamos na Austrália, Dain montou um cavalo fujão e, toda vez que o cavalo disparava com ele, Dain ria histericamente. Ele achava divertido! No entanto, Playboy é um cavalo de corrida *puro-sangue*. Fiquei preocupado com o que poderia acontecer.

Perguntei: "Ok, qual é a pior coisa que pode acontecer?" Dain pode cair.

Pensei: "Posso consertar isso, a menos que ele quebre um osso, e se isso acontecer, posso levá-lo ao hospital."

Então respondi: "Ok, tudo bem. Você pode montá-lo."

Dain olhou para o cavalo. O cavalo olhou para Dain, e quando Dain o montou, foi como se Playboy dissesse: "Aaaah". Ficou claro que aquele era um encontro amoroso feito no céu. Eles estavam dizendo: "Meu cavalo". "Meu dono."

Playboy é um cavalo que vai fugir com qualquer outra pessoa. Dain o montou e deixou as rédeas soltas, enquanto Playboy saiu a meio galope. Normalmente, um galope é o início de um ritmo rápido que entra em corrida mortal, e com Playboy, se você não segurá-lo pela rédea, ele entra em uma corrida mortal de verdade.

Bem, Dain estava com as rédeas penduradas e Playboy estava apenas seguindo, *pocotó, pocotó, pocotó*. Ele nunca fez *pocotó* comigo, mesmo quando eu o segurava firmemente!

Eu disse: "Ok, entendi". Vi Dain montá-lo o tempo todo e o cavalo fez tudo o que Dain queria instantaneamente. Os dois estavam completamente juntos e eu sabia: "Ok, aqui está a quem Playboy pertence". Os animais sabem o que querem. E eles sabem como conseguir o que querem.

Recentemente, Dain e eu fomos ao estábulo e começamos a fazer uma aula de salto com Playboy. Playboy continuamente ia ao obstáculo e se recusava, e eu continuei tentando forçá-lo a fazer isso, o que é sempre estúpido. Nunca tente forçar um animal a fazer alguma coisa.

Finalmente, ficamos espertos o suficiente para lhe perguntar: "Playboy, o que está acontecendo?" Ele balançava a cabeça para cima e para baixo e parecia meio louco, algo que ele nunca tinha feito antes. Percebemos que Dain estava puxando muito a rédea de Playboy. Ele estava segurando-a com muita força ao montá-lo, e Playboy queria que ele aprendesse a ser sutil. Assim que Dain conseguiu fazer isso usando seu peso, com apenas um pouco do dedo e não muito esforço, Playboy de repente passou a fazer tudo que ele queria, e lindamente.

Dain cavalgou com Playboy em direção à cerca, então o cavalo ergueu as orelhas e ficou pronto para saltá-la. Eu disse: "Não o deixe pular. Você não está pronto para pular!" Mas Dain queria aprender a ser um cavaleiro melhor, e o cavalo queria ensiná-lo a ser um cavaleiro melhor, então eles saltaram.

Foi muito interessante observar a diferença na aula de salto. Antes de começarmos a ouvir Playboy, ele não estava com Dain, não estava disponível e não estava fazendo nada certo. Quem era o problema? Não era o cavalo. Seu animal nunca é o problema. Você é o problema. Você é o idiota. Os animais sabem mais do que você, e eles sabem como fazer com que você faça o que puder – se estiver disposto a ouvir e receber as informações que eles lhe dão.

Dain disse que foi incrível para ele quando entendeu o que estava acontecendo, porque Playboy nunca erra. Ele percebeu que Playboy não faz o que ele pede apenas quando ele se "desconecta". Ele disse: "Playboy me informa sobre as coisas. Ele diz: 'Aqui está o que você precisa fazer para que eu faça o que você quer'. É sempre quando estou sendo um babaca que Playboy age como um babaca."

Não gosto do meu nome

Tem sido muito interessante observar como os animais "se comportam mal" quando não ouvimos o que eles estão nos dizendo. Recentemente, fiz uma classe para cães que contou com a presença de cinco humanos e dezessete cães. Um dos cães era um *border collie* lindinho, cujo nome era Igor. Igor estava latindo e se comportando mal, e eu disse: "Vamos ver se podemos ajudar com esse mau comportamento".

Perguntei: "Qual é o seu problema, Igor?"

Igor disse: "Não gosto do meu nome."

Perguntei: "Ok, então como você gostaria de ser chamado?"

Ele disse: "Skippy."

Dissemos à senhora responsável por Igor que ela precisava mudar o nome dele para Skippy se quisesse que ele se comportasse adequadamente. Ela assim o fez e ele se comportou muito bem por alguns dias, mas depois a dona do cachorro decidiu: "Não posso mudar o nome dele. Ele sempre será Igor para mim."

Igor começou a se comportar mal novamente, e a dona decidiu doá-lo. Quando os novos donos de Igor o viram, disseram: "Ah, ele é tão fofo. Podemos chamá-lo de Skippy?" Não pense que os animais não nos informam sobre o que querem! Eles sempre nos informarão – se estivermos dispostos a ouvi-los.

Se você tem um cavalo ou um animal que está se comportando mal, ou não está fazendo o que deveria, se ele está pulando e empinando ou fazendo todo tipo de coisas desagradáveis e irritantes, talvez ele não queira o nome que deu a ele. Você tem que descobrir como seu animal realmente quer ser chamado.

Capítulo dois 🐾

TUDO DESEJA PRESENTEÁ-LO

Todos os animais, todas as plantas, todas as estruturas neste planeta têm consciência e desejam presenteá-lo. Se você não está disposto a receber, perde o que eles querem lhe dar e também limita sua capacidade de receber em todas as áreas da vida. Você limita sua consciência, limita a quantidade de dinheiro que pode ter, limita o que pode experimentar e limita o que é possível para você.

Gostamos de trabalhar com as pessoas para levá-las ao ponto em que possam receber tudo o que está disponível. Certa vez, conheci uma senhora cuja casa inteira era branca. Era espetacular em sua brancura. Ela tinha apenas flores brancas em sua casa e em seu jardim. Havia plantações de *maria-sem-vergonha* branca crescendo ao redor de sua casa e, às vezes, elas tinham bordas rosadas, porque é assim que crescem. Ela mandava seu jardineiro arrancá-las se tivessem o menor toque de rosa nelas. Ela disse: "Não gosto de flores coloridas. Só gosto das brancas." Ela tem a capacidade de receber? Bem, sim, desde que seja branco.

Tudo bem que ela só queira flores brancas, mas a afirmação "não gosto de flores coloridas" é um problema. Quando faz um julgamento desse tipo, você elimina o que pode receber. É como dizer: "Só gosto de cavalos *puro-sangue*". Isso significa que você só consegue receber o que um *puro-sangue* pode lhe dar. Você não receberá o que outro cavalo pode lhe oferecer. Isso é uma limitação? É sim. Se diz: "Só gosto de *chihuahuas*" ou "Só gosto de *corgis*", você está limitando o que pode receber? Sim. Se gosta de cães, e gosta de gatos, e gosta de cavalos, então está disposto a receber muito mais.

Os animais têm uma quantidade enorme de informações. Eles têm presentes imensos que podem nos dar se estivermos dispostos a recebê-los. Quanto mais estivermos abertos para receber a energia e as informações que eles nos dão, mais seremos capazes de receber tudo no universo.

Os cavalos, em particular, gostam de nos dar energia. Eles querem cuidar de nós. Faz parte do trabalho deles nutrir nossos corpos e nos alimentar com energia. Quando não recebemos a energia deles, isso os invalida. Faz com que se sintam inúteis. Eles ficam frenéticos e chateados. Eles não entendem o que está errado, pois ficam incapacitados de nos dar energia. Isso é o que acontece com os cavalos que estão em baias de aluguel. Eles ficam apáticos e enlouquecidos porque não há ninguém recebendo o presente que eles são. Você já notou que, às vezes, depois de andar a cavalo, você se sente realmente expandido, alegre e feliz? Por que isso ocorre? Porque você se dispôs a receber do cavalo.

Tudo nessa Terra tem consciência. Tudo. Se você começar a funcionar com a consciência das coisas, elas lhe dirão o que gostariam e como funcionar com elas. Isso é especialmente verdadeiro para os animais. Se reconhecer a consciência dos animais, eles começarão a se comportar com você de maneira diferente da que se comportam com outras pessoas. Os animais podem nos ajudar a aprender a funcionar com a Terra. Eles podem nos ensinar a sermos os guardiões em vez de os destruidores do nosso planeta. Esse é o valor de ser capaz de conversar com eles.

Capítulo três 🐾

LIBERAÇÃO DE ENTIDADES

O que são entidades?

Eu já vinha fazendo os processos de Access em pessoas por algum tempo quando alguém me perguntou: "Você consegue fazer esses processos em animais?"

Respondi: "É claro."

Aquilo saiu da minha boca? Nem acreditei que dissera aquilo.

A pessoa perguntou: "Ok, você pode fazer uma classe sobre animais?" Então, fizemos uma classe sobre animais. Comecei a aplicar nos animais as mesmas técnicas que usávamos em humanos e descobrimos que funcionavam lindamente.

A liberação de entidades foi uma das primeiras coisas que descobri que funcionava tão bem em animais quanto em pessoas. Uma entidade é um ser espiritual que habita um corpo que pertence a outro espírito. As entidades ficam presas em um tempo passado. Elas ficam presas a um trabalho anterior ou a uma identidade passada e continuam a se criar como quem ou o que costumavam ser. Elas não são livres para ser quem realmente são e seguir em frente para fazer o que quiserem fazer ou criar. Para liberar uma entidade, você pode perguntar: *"Quem é você?"* E depois, pergunte repetidamente: *"Quem foi você antes disso? Quem foi você antes disso? Quem foi você antes disso?"* E finalmente: *"Quem você será no futuro?"*

A primeira pergunta, *"Quem é você?"*, dá à entidade a consciência de quem ela é agora. Ao fazer a segunda pergunta – *"Quem foi você antes disso?"* – ela percebe que já teve identidades anteriores a essa. A pergunta a descola da identidade que pensava ser. Então, ao perguntar *"Quem você será no futuro?"*, ela percebe que é um espírito e que pode escolher fazer ou ser o que quiser. Nesse ponto, ela deixará instantaneamente o corpo que estava habitando.

Às vezes, uma entidade não sai por vontade própria. Ela fica presa a um ponto de vista ou a um trabalho que acha que tem que fazer. Muitas vezes, essas entidades são os pais ou avós de uma criança de quem costumavam tomar conta. Quando os pais ou avós morrem, se apegam à criança para continuar fazendo seu trabalho. Então a criança tem sentimentos estranhos o tempo todo porque o vovô está lá conversando com ela e lhe dizendo para fazer as coisas. Você pode liberar essas entidades perguntando: *"Qual é o seu trabalho? Qual era o seu trabalho antes disso? Qual era o seu trabalho antes disso?"* E, finalmente, *"Qual será o seu trabalho no futuro?"* – quando as entidades reconhecerão que são um espírito e terão a opção de encontrar outro corpo ou fazer qualquer outra coisa que escolherem.

Como remover entidades de animais?

Para remover entidades de animais, a primeira coisa a se perguntar é: *"Existe uma entidade aqui?"* Se houver, você não terá necessariamente uma resposta verbal, mas a entidade se fará conhecer. Você geralmente sentirá uma mudança na energia do animal. Cada um de nós percebe essas coisas de uma maneira diferente. Quando digo que você sentirá algo, não suponha que sempre sentirá a mesma coisa. Apenas deixe de lado sua mente lógica e fique consciente, então obterá as informações de que precisa.

Assim que descobriu que existe uma entidade, faça uma série de perguntas: *"Qual é o valor de se apegar a este corpo? Quem lhe deu este corpo? Quem foi você antes de tomar esse corpo? Quem foi você antes disso? Quem foi você antes disso? Quem foi você antes disso? Quem você será no futuro?"* E a entidade sairá.

Às vezes, o corpo de um animal é habitado por uma entidade que tinha o corpo de uma espécie diferente de animal. Nós trabalhamos com uma senhora cujo cavalo tinha uma entidade de chimpanzé nele, então ele ficava dando cambalhotas o tempo todo. Não funcionava muito bem. Essa senhora também tinha um cavalo com uma entidade de veado nele. Muitas vezes os veados ocupam os corpos dos cavalos. Tudo o que você precisa fazer é perguntar à entidade que tipo de animal é, e ela começará a lhe mostrar uma imagem. Você pode estar ouvindo uma palavra, mas ela lhe dará uma imagem do que é. Você tem que ter a clareza de que os animais funcionam a partir de imagens e não de palavras. Quando você faz uma pergunta, eles lhe dão uma imagem como resposta. Se o animal tiver uma entidade nele, uma vez removida, o ser original que estava lá se tornará o único ocupante do corpo. É difícil para um animal ocupar seu corpo com facilidade quando há confusão sobre o tipo de corpo em que está! Liberar entidades pode ter efeitos incríveis no comportamento dos animais e na estrutura física de seus corpos. Essas mudanças ocorrem muito rapidamente na maioria dos casos. Liberar entidades cria muito alívio para a entidade, bem como para a pessoa ou animal cujo corpo ela habitava.

Os gatos, em particular, tomam entidades em seus corpos como forma de nos proteger. Essa pode ter sido uma das razões pelas quais os gatos eram conhecidos antigamente como médiuns para bruxas. Eles podiam proteger as pessoas assumindo as entidades que entravam na casa delas. Você já viu um gato sibilar para algo que não é visível para você? Eles veem entidades e reagem a elas. O sistema imunológico deles pode ser afetado quando fazem isso com frequência, então é ótimo poder liberar as entidades para eles.

Esse é o cavalo mais feio que já vi

Tenho uma amiga no Texas que cria cavalos *peruanos* e, certa vez, quando estávamos cavalgando, ela nos levou à "área" dos fundos, onde viviam todos os cavalos feios. Tudo em seu rancho parecia lindo, exceto por esse pasto. Olhei para um cavalo e disse: "Esse é o cavalo mais feio que já vi. O que há de errado com ele?" Seu pescoço, em vez de fazer um belo arco para cima, caía em forma de U. Suas patas dianteiras formavam um V e parecia que nem tinha peito. Isso não é normal para um cavalo. Era a criatura de aparência mais horrível que eu já tinha visto na minha vida. Não se parecia nada com um *peruano* ou qualquer cavalo que eu já tivesse visto.

Perguntei a ele: "Você tem uma entidade de outra espécie em seu corpo?" Havia um gnu nele. Aparentemente, um gnu do zoológico que havia morrido saiu à procura de um corpo e pegou o corpo desse cavalo. Nós removemos o gnu e o enviamos para a África, a fim de encontrar outro corpo de gnu. Vi o cavalo um ano depois e não o reconheci. Era o animal mais impressionante que eu já tinha visto. Seu pescoço havia mudado totalmente, suas pernas estavam retas, o peito aparecia, e sua crina e cauda ficaram longas e bonitas. É incrível quando você cria mudanças assim.

As pessoas me perguntavam em que tipo de espaço um cavalo deve estar para que um gnu assuma o controle de seu corpo. Geralmente, as entidades só assumem o corpo de outro animal onde há algum tipo de evento traumático. Pode ocorrer durante cirurgias e quando a inconsciência é induzida. Neste caso, ocorreu no momento do nascimento do cavalo, o que é um processo traumático de alguma maneira. O gnu assumiu o corpo do bebê cavalo. A entidade que era um bebê cavalo ainda estava lá, mas a entidade gnu estava lá também.

Você gostaria de ser um *dogue alemão* novamente?

Uma senhora me ligou de Nova York e disse: "Tenho uma gata, e ao beber, ela derrama água em todos os lugares, e quando pula na mesa, cai de costas. Ela não consegue subir em nada; ela é meio espástica." Uma gata com espasmos, que não cai em pé. Agora isso ficou interessante. Perguntei: "Temos uma entidade aqui?", e energeticamente recebi um grande "Sim".

Perguntei a ela: "O que é você?" – e recebi a imagem de um *dogue alemão*.

Eu disse: "Ok, um *dogue alemão* no corpo de um gato. Isso deve ser divertido. Você gostaria de ser um *dogue alemão* novamente?"

Ele disse: "Sim, por favor!"

Eu disse: "Ok, muito bem. Em algum lugar de Nova York um *dogue alemão* está para nascer. Você tomaria aquele corpo? Qual é o valor de se apegar a esse aqui?" Tivemos uma conversa e a criatura foi embora. No dia seguinte, a mulher me ligou e disse: "Não posso acreditar. Essa é uma mudança e tanto. Pensei que você fosse um grande mentiroso."

Essa frase, aliás, é a que mais ouço nesse trabalho. "Achei que você fosse um grande mentiroso até..." Quero que você saiba que se acha que sou um grande mentiroso, você tem que me pagar um dólar quando descobrir que eu não sou.

O comportamento da gata mudou instantaneamente. No dia seguinte, ela pulou de um armário de um metro e meio de altura, bebeu delicadamente de sua tigela e parou de cair dos móveis. Isso é o que pode acontecer.

Se você estiver disposto a assimilar essa informação e usar essas técnicas, então pode tornar a vida de animais – e de seus donos – muito mais prazerosa.

Você pode descobrir que a entidade é humana

Você pode descobrir que a entidade é humana. Entidades humanas entrarão em corpos de animais, mas entidades de animais não entrarão em corpos humanos. Os animais não são tão burros a ponto de querer ocupar nossos corpos. Por qual motivo eles gostariam de ser humanos? Os animais não querem trabalhar! É por isso que eles têm você. É você quem vai trabalhar para eles e sustentá-los.

Em um abrigo para resgate de animais selvagens onde fizemos alguns trabalhos havia uma puma que não participava do bando. Mesmo quando estava no cio, ela não se misturava com os demais. Descobrimos que um humano viu a foto de um puma e disse: "Ah! Na minha próxima vida quero ser um puma."

Alguém já lhe disse: "Na minha próxima vida, quero ser um de seus animais?" Adivinha? É exatamente o que vão fazer! Não faça esse tipo de compromisso. Não diga esse tipo de coisa, porque é assim que você vai acabar. Nós removemos o humano do corpo da puma e, uma semana depois, eles conseguiram colocá-la com o resto do bando e ela ficou bem.

Um cavalo com uma entidade humana

Na primeira classe que fiz sobre animais, havia um cavalo gigante, de 1,70 m de altura, que tinha um traseiro inclinado como um telhado. Ele era muito descoordenado e desarticulado; trombava nas pessoas e tropeçava o tempo todo.

Esse cavalo tinha uma entidade humana nele. A entidade humana decidiu que queria ser um cavalo para correr livre em sua próxima vida, e então voltou em um corpo de cavalo. No entanto, em vez de poder correr livre, foi enviado para a pista de corrida. A entidade ficou furiosa. Não queria ser um cavalo correndo em uma pista de corrida; queria ser um cavalo correndo livre. Ela queria sair do corpo do cavalo, então estava tentando matá-lo para que pudesse se libertar.

Cerca de quinze minutos após a liberação dessa entidade, a forma do traseiro do cavalo mudou totalmente. Fiquei sentado lá, vendo aquilo acontecer, enquanto pensava: "Ok, estou tendo alucinações."

Perguntei, de maneira muito calma e contida: "Alguém notou a mudança no traseiro desse cavalo?"

Todos disseram: "Sim, parecia um telhado e agora está arredondado."

Eu disse: "Ainda bem! Não estou tão louco quanto pensei!"

29

Normalmente, um cavalo está totalmente desenvolvido quando chega aos seis anos de idade. Esse cavalo tinha nove anos. Nos três meses após nosso trabalho, ele cresceu mais cinco centímetros. Não acontece de um cavalo com nove anos crescer cinco centímetros – mas isso ocorreu com esse. Foi extraordinário – e uma oportunidade para vermos quanto podemos fazer ao facilitar animais para que tenham mais facilidade em suas vidas.

Um cachorro que estava latindo e rosnando para seu dono

Em um de nossos workshops sobre animais, trabalhamos com um cachorro que, de repente, começou a latir e rosnar para seu dono. Toda vez que o dono levantava da cadeira, abria uma porta ou fazia algum tipo de barulho, o cachorro latia e rosnava para ele. O dono estava ficando irritado e bravo com o cachorro.

Perguntei ao cachorro o que o fez rosnar para seu dono, e descobrimos que o dono tinha uma entidade no corpo. Normalmente, entidades invadem nossos corpos quando estamos inconscientes de alguma maneira. Qualquer tipo de inconsciência – incluindo usar drogas, beber ou estar sob o efeito de anestesia – permite que as entidades se apeguem ao nosso corpo. A propósito, uma das razões pelas quais as pessoas têm tanta dificuldade em parar de beber é que as entidades conectadas aos corpos delas querem que elas bebam. As entidades gritam para elas: "Você precisa de uma bebida! Você precisa de uma bebida!" O "você" é uma revelação disso. Quando ouve "você" em sua cabeça, é uma entidade falando com você. Você não se referiria a si mesmo como "você". Você diria "mim" ou "eu".

Acessamos a energia do dono do cachorro e perguntamos sobre a entidade que estava nele, ou apegada ao corpo dele, que estava causando esse comportamento no cachorro. Após localizarmos a entidade, perguntamos: *"Entidade, quem é você? Quem foi você antes disso? Quem foi você antes disso? Quem foi você antes disso? Quem foi você antes disso? Quem você será no futuro?"* E ela foi embora.

Quando um animal muda seu comportamento, sempre é uma boa ideia pesquisar se há uma entidade no corpo de seu dono.

O valor de se comunicar com todas as coisas

Aprender a fazer esses processos e usá-los em animais o coloca em comunicação com todos os aspectos da vida. Isso aumenta sua comunhão com tudo em sua vida. Comunhão é a consciência de todas as coisas. É a disposição de receber tudo sem julgamento. Quando você está em comunhão com todas as coisas, tudo em sua vida se torna mais fácil. A comunhão total ocorre quando você está no meio da floresta, onde a cura, o cuidado, a nutrição, a expansividade, a alegria, a criatividade e a qualidade de vida orgástica estão disponíveis para você, sem qualquer julgamento. A floresta o acolhe e permite que você seja o que escolhe ser naquele momento. Não há julgamento na floresta. Há, no entanto, julgamento no mundo humano.

Um fato recente ilustrou o que pode acontecer quando você está em comunhão com tudo. Dain saiu para correr. Enquanto corria pela trilha, pensava: "Puxa, me pergunto o que aconteceria se eu encontrasse uma cascavel na trilha". Assim que saltou sobre um riacho, viu uma cascavel do outro lado e, no ar, se virou e pousou no mesmo lado do riacho de onde tinha vindo. Por que ele estava pensando em uma cascavel enquanto corria? Porque a cobra estava tentando lhe dizer que ela estava lá. Fique em comunhão com todas as coisas e você saberá aonde ir – ou aonde não ir.

Capítulo quatro 🐾

ANIMAIS PODEM FICAR PRESOS NAS DECISÕES QUE TOMAM

Animais e pessoas podem ficar presos nas decisões que tomam. Todos nós fazemos isso. Algo desagradável ou doloroso acontece e decidimos algo em resposta a isso. A decisão então "gruda" ou permanece em vigor ao longo do tempo, mesmo que não seja mais apropriada ao que está acontecendo no presente. Quando a condição ou lesão de um animal não se corrige quase imediatamente, pode ser que o animal tenha tomado uma decisão que mantém isso no lugar. Emoções, sentimentos e pensamentos que são criados em momentos dolorosos ou perturbadores também podem ser mantidos por decisões.

Ponto de criação e ponto de destruição

Todas as condições e situações que estamos interessados em mudar foram criadas em algum lugar ao longo de todo o tempo, espaço, dimensões e realidades. Chamamos isso de ponto de criação (POC). Para as pessoas, isso geralmente envolve um julgamento ou uma decisão. Como e por que foi criado não importa, nem qualquer outra parte de sua história. Só precisamos saber que foi criado.

Um dia, meu filho me disse que estava doente. Perguntei: "Então, o que o deixa doente, filho?"

Ele disse: "Bem, eu fico doente com _____."

Perguntei: "Ok, o que mais o deixa doente?"

Ele disse: "Fico doente com _____."

Perguntei: "Ok, o que mais o deixa doente?"

Ele disse: "Fico doente com _____."

Então eu disse: "Ok, você gostaria de destruir todas as suas decisões e julgamentos sobre as coisas que o deixam doente?" (Esses eram os pontos de criação)

Ele disse: "Com certeza!"

No dia seguinte ele ficou bem.

O ponto de destruição (POD) é o ponto em que destruímos nossa capacidade de ser com uma decisão baseada em um ponto de vista limitado. Literalmente, desfazemos nossa capacidade de ser com uma decisão, e nos colocamos em um universo destrutivo. Um exemplo disso vem de uma mulher com quem trabalhei recentemente. Ela tinha decidido que sua família significava tudo. Na época em que trabalhei com ela, sua mãe estava morrendo, o que significava para ela que sua família estava acabando. Ela teve exatamente a mesma doença que sua mãe teve. Sua decisão sobre a família foi um ponto de destruição.

O ponto de destruição, bem como o ponto de criação, inclui energeticamente os pensamentos, sentimentos e emoções que precedem a decisão. Sempre que criamos algo de um ponto de vista positivo ou negativo, ou decidimos que algo é bom ou ruim, certo ou errado, perfeito ou horrível, criamos uma polaridade. Nós tendemos a pensar na polaridade positiva como boa, mas ela pode criar tanto uma limitação quanto uma polaridade negativa, se não mais. Por exemplo, se decidir que tem o relacionamento perfeito e está com alguém que não é gentil ou atencioso com você, acaba deixando que essa pessoa o destrua, porque tomou a decisão de que seu relacionamento é perfeito. Você está preso em sua decisão de que ele é perfeito e não está disposto a ver onde ele não é perfeito.

Apagando decisões, emoções, pensamentos e sentimentos

Para apagar uma decisão, pedimos à energia que vá ao ponto de criação da decisão, emoção, sentimento ou pensamento que a precedeu. Ao inverter – ou reverter – a polaridade, desfazemos o positivo e o negativo e a decisão deixa de existir. Isso é feito usando um enunciado aclarador, que permite que centenas de pontos de criação ou destruição sejam liberados de uma só vez: **"Certo e errado, bom e mau, POD e POC, todas as 9, curtos, garotos, POVADs e aléns.** (Consulte o glossário para obter mais informações sobre o enunciado aclarador.)

Indo ao ponto de criação do trauma

Ir ao ponto da criação é muito eficaz para desfazer os efeitos posteriores do trauma. Quando chegamos ao ponto de criação

35

do trauma, a polaridade que mantém a condição ou situação em existência é apagada. Se um animal foi traumatizado, pergunte sobre os sentimentos relacionados ao trauma. Em seguida, vá para o POC e POD dos sentimentos imediatamente anteriores ao trauma, tortura, captura, cirurgia, drogas, medicação ou seja lá o que for. Ao fazer isso, o sentimento deixa de existir e o trauma que estava trancado no corpo começa a se desfazer para o animal. Quando você pergunta sobre o ponto de criação de algo, fica implícito (e o universo entende) que isso inclui os pensamentos, sentimentos e emoções que precedem imediatamente a decisão de ser, fazer, ter, criar ou gerar qualquer condição em que estejamos presos.

É útil lembrar que os animais são mais inteligentes que as pessoas e estão mais interessados em deixar de lado seus problemas e apenas ser quem são. Ao trabalhar com animais, na maioria das vezes, você só precisa pedir pelo ponto de criação do sentimento imediatamente anterior à criação de qualquer condição em que esteja trabalhando. A maioria dos animais, ao contrário das pessoas, parece funcionar com sentimentos e não com pensamentos ou emoções.

Talvez você queira trabalhar com certa distância

Eu estava na casa de um amigo na Austrália; eles moravam em um lago onde havia alguns cisnes. Os cisnes tiveram bebês e os levaram para o quintal do vizinho. O vizinho não queria que os cisnes fizessem cocô em seu gramado e atingiu um dos filhotes de cisne no pescoço com uma pá, fraturando-o. O pescoço do filhote estava pendurado, e ele não conseguia manter a cabeça erguida. Tentei chegar perto do bebê para fazer alguns trabalhos de imposição de mão nele, mas os pais do pequeno cisne foram atrás de mim. Ficou claro que eu tinha que trabalhar no filhote à distância.

Pedi ao cisne que fosse até o ponto de criação dos pensamentos, sentimentos e emoções imediatamente anteriores ao trauma.

Quando comecei a trabalhar nele, a iridescência de suas penas estava começando a enfraquecer, e pude ver a energia pulsando para dentro e para fora, pois ele estava começando a morrer. Então, de repente, a energia mudou e seu pescoço ficou reto. Quando o vimos no dia seguinte, estava se movendo como os outros filhotes de cisnes. Dois dias depois, não podíamos dizer qual dos bebês havia sido ferido.

Não importa de quem são os pensamentos, sentimentos e emoções, se são do animal ou da pessoa que está causando o trauma neles. Você apenas procura quaisquer pensamentos, sentimentos e emoções que estavam lá antes do trauma. A maioria dos animais permite que você faça um trabalho com o toque neles, mas alguns não querem ser tocados. Se estão com muita dor, e especialmente se você está lidando com animais que podem chutar, morder ou arranhar, talvez você queira fazer o processo à distância.

Capítulo cinco 🐾

CUMPRA O QUE DISSER AO SEU ANIMAL

Em um de nossos workshops com animais, uma senhora que segurava seu *chihuahua* no colo me disse: "Admiro a maneira como trabalha com crianças e animais. Você adota uma abordagem direta, do tipo 'isso é o que vai acontecer'. Você diz: 'Estas serão as consequências do seu comportamento.' Estou ficando muito melhor com meus filhos, mas com meus animais ainda sou melosa e mole."

Enquanto dizia isso, o cachorro dela estava rosnando. Ela apontou para seu cachorro e disse: "Ele está rosnando agora porque decidiu que como esses outros cães estão aqui, ele será atacado".

Eu disse: "Não. Você está fazendo uma suposição. Você decidiu que ele tem o ponto de vista de que será atacado."

Ela disse: "Sim, mas ele está aqui, rosnando no meu colo agora".

Eu perguntei: "O ponto de vista dele é de que você será atacada, ou o ponto de vista dele é que deve proteger você?"

Ela pareceu totalmente surpresa e disse: "Ah! Eu não tinha pensado nisso."

Perguntei: "Você está disposta a vê-lo mudar esse ponto de vista? Verdade? Não, você não está. Esse é um daqueles exemplos em que o dono é a causa do problema."

Ela disse: "Bem, na verdade, gosto quando ele me protege em casa. Ele vai parar de me proteger em nossa casa se parar de me proteger aqui?"

Respondi: "Tudo o que você tem a fazer é dar-lhe instruções. Diga a ele: 'Você só tem que me proteger quando estamos em casa e eu não estou consciente. Quando estou consciente, você não precisa me proteger. É assim que me sinto quando estou bem e sei que não serei atacada. É assim que me sinto quando estou desligada e estúpida, e você precisa me proteger'. O ponto de vista do seu cão é que você é estúpida o tempo todo e precisa de proteção. Lamento dizer que isso decorre da maneira como treinamos os animais antecipadamente. Somos responsáveis por isso. Não eles."

A senhora disse: "Então quando ele começar a latir, em vez de mandá-lo calar a boca, devo dizer: 'Bom cachorro. Está tudo bem.' E quando eu disser: 'Tudo bem, você não precisa se preocupar com nada', ele vai parar de latir."

Eu disse: "Isso mesmo. Ele está fazendo exatamente o que pediu. Você pediu a ele para ser seu guardião e seu protetor. É realmente muito engraçado você ter pedido a um *chihuahua* para ser seu guardião e protetor. Provavelmente você só o quer para lhe dar um alerta. Isso é tudo que está procurando. Diga a ele: 'Você pode ser apenas meu amigo. Você não precisa ser meu protetor'."

Você tem que cumprir com o que diz ao seu animal. Algumas pessoas pensam que estão sendo gentis quando não cumprem algo com seus cães ou seus filhos. A ideia de que ser gentil é deixá-los escapar impunes de um comportamento inadequado é baseada em quê?

A única razão pela qual um animal se comporta mal é porque está confuso. Você diz: "Isso é ruim", e então você o deixa fazer isso. Por que você o deixaria fazer isso se é ruim? Você não o repreende quando faz coisas ruins, exceto para gritar com ele ou dizer: "Ah, isso é terrível. Você é mau." Você tem que dizer a ele: "Este é o acordo. É isso que vai acontecer aqui".

Quando um animal faz algo que é valioso para você, por exemplo, se ele o protege e você o abraça com mais força porque ele está rosnando, isso é uma recompensa? É sim. Eles pensam: "Ah, você me ama. Estou fazendo a coisa certa." Ou você os acaricia e diz: "Está tudo bem". Isso é uma recompensa. Se você não quer que eles latam, tem que olhar para eles e dizer: "Cale a boca!" Você não pode dizer "*Shh, shh*, fique quieto", pois está dizendo "Bom cachorro". Não seja inconsistente. Diga: "Cale a boca".

Quando tem um animal que está agindo mal ou se comportando de uma maneira que você não gosta, informe-o qual é a consequência desse comportamento. É como jogar uma revista no seu gato quando ele está no balcão da cozinha. Nunca vai acertar o gato. Ele foge muito antes de a revista chegar nele, pode acreditar. Mas isso os assusta o suficiente para que pensem: "Ei! Isso é como uma coruja ou um falcão vindo me pegar." Fica claro que pular no balcão da cozinha não é um bom comportamento.

Certa vez, tive um cavalo que atacava as pessoas. Ele corria atrás delas para morder. Tentamos mudar o comportamento dele e não conseguimos. Finalmente, olhei para ele e disse: "Quero que você entenda o seguinte: se não parar com essa merda de morder, você vai se tornar carne de cachorro. Vamos mudar seu nome para *Bifão*, assim você terá certeza de onde vai parar. Vai parar em uma lata e os cães vão comê-lo se você não parar de morder."

No dia seguinte, sem perceber, caminhei a poucos centímetros desse cavalo e ele não mexeu uma orelha. Ele apenas olhou para mim e nunca mais mordeu ninguém. Você tem que dar informações aos animais para que eles possam fazer uma escolha.

Capítulo seis 🐾

FIQUE NA PERGUNTA

Em um evento recente, alguém nos disse que seu vizinho estava enlouquecendo após ter ganhado um cachorro novo, um *beagle*, que latia por horas a fio. Ele perguntou o que poderia fazer sobre isso. Eu disse: "O cachorro tomou uma decisão. Pergunte a ele: 'O que você está tentando me dizer?' Então diga: *Tudo que você decidiu sobre latir o tempo todo como a maneira de conseguir isso, você vai destruir e descriar?*"

Se as pessoas fizessem perguntas a cães que latem, tais como: "E aí, cachorro? O que está acontecendo? O que você está fazendo? Qual é o valor de se apegar a isso? Quem criou isso? Quem lhe deu isso?", elas poderiam chegar à raiz do comportamento e mudá-lo. Se você fizer uma pergunta a um animal, ele lhe dará uma resposta que lhe permitirá mudar a condição. Não tome decisões ou chegue a conclusões sobre o que está acontecendo com os animais. Quando você chega a uma decisão do tipo "Ah, é assim que é", então essa é a única opção que existe. Em vez disso, faça uma pergunta.

Fazer uma pergunta funciona para qualquer coisa, já que tudo no universo tem consciência. Você pode até perguntar ao seu carro o que ele precisa ou qual é o problema, e ele lhe dirá. O carro de uma amiga não estava funcionando bem e ela achou que precisava trocar o óleo. Foi o que ela fez, mas não resolveu o problema. Então ela mudou sua tática. Em vez de pensar que sabia a resposta, perguntou ao carro de que ele precisava. Ela acordou às quatro horas da manhã seguinte e disse: "Ah, meu Deus, o carro precisa de calibragem nos pneus!" Um pouco mais de ar em seus pneus resolveu completamente o problema.

Pode ser difícil acreditar que existe consciência em um carro, mas existe. Há consciência em todas as coisas. Pesquisas científicas recentes nos dizem que, quando olhamos para uma molécula, alteramos sua estrutura apenas por observá-la. Ela precisa ter consciência para saber que estamos olhando para ela, o que significa que ela deve ser afetada por qualquer coisa que pensamos.

Você pode chegar à origem de qualquer assunto ou condição. É apenas uma questão de fazer perguntas e ouvir a resposta. Se fizer perguntas, receberá o "plim" energético em sua cabeça ou o que quer que perceba pessoalmente, permitindo que você saiba com o que está lidando. Tudo o que precisa fazer é uma pergunta – e depois ficar aberto à resposta.

Capítulo sete 🐾

OS ANIMAIS SABEM DO QUE PRECISAM

Por que ele está comendo dentes-de-leão?

Os animais sabem do que precisam. Certa vez, tive um cavalo que quando saíamos para passear na trilha, não comia nada além de dentes-de-leão. Fiquei me perguntando: "Por que ele está comendo dentes-de-leão?" Cerca de dois meses depois, ele teve uma cólica grave, e o veterinário descobriu que ele tinha um tumor adiposo no cólon. Quatro metros e meio de seu cólon tiveram que ser retirados.

Originalmente, eu havia alugado o cavalo e tinha uma apólice de seguro para ele, então liguei para as pessoas de quem eu o aluguei para ver se poderiam ter se esquecido de cancelar o seguro.

Eles disseram: "Ah, meu Deus, amamos tanto esse cavalo."

Eu disse: "O tratamento dele custará 10 mil dólares."

45

Eles disseram: "Nós faremos o pagamento."

Eu disse: "Ok, ele é de vocês agora."

Eu o devolvi porque eles iam pagar 10 mil dólares para tratar a condição dele.

Mais tarde, descobri que os dentes-de-leão contêm uma substância que trata o tecido adiposo. Os animais comem o que é apropriado para eles porque sabem cuidar de si mesmos.

O trabalho de um cão é escavar

Trabalhamos com uma senhora cujo cachorro comia suas próprias fezes. Ela me perguntou por que ele fazia isso. Eu disse a ela que quando faltam minerais e outros elementos na dieta de um animal, eles tentam encontrar esses elementos ausentes em outros lugares. Um cachorro na natureza sairia para escavar e conseguiria todas as coisas diferentes de que precisa. Mas não deixamos nossos cães fazerem isso. Acho que muitos dos problemas que cães e gatos vêm apresentando hoje em dia resultam do fato de termos limitado tanto suas dietas. Em vez de alimentá-los com restos que lhes dariam os nutrientes extras de que precisam, nós os limitamos a ração de cachorro ou gato. O trabalho de um cão é escavar e cuidar de coisas mortas. São como abutres. Eles estão totalmente equipados internamente para lidar com as coisas que comem.

Uma amiga me disse que o veterinário de seus animais tem um pôster na parede mostrando as coisas que foram retiradas das entranhas dos cachorros, como calcinhas e absorventes femininos.

Eu disse: "Eles comem essas coisas porque as pessoas não os deixam sair para ingerir o que eles gostariam de comer."

Ela disse: "Sim, mas cachorros não são latas de lixo."

Eu disse: "Eles são, sim. Sinto muito. Você tem que cair na real. Os cachorros são latas de lixo."

Nossa amiga Suzy, que passeia com pelo menos doze cachorros por dia, disse: "Você não acreditaria nas coisas que encontro no cocô de cachorro!" Ela diz que sabe que tudo acaba bem, e não se preocupa com o que eles comem.

É incrível o que os cães podem ingerir. Eles comem tomates maduros direto da planta. Eles procuram abacates. Eu tinha um amigo cujo cachorro corria três quilômetros até o pomar de abacate mais próximo e o devastava. Era o danado do cachorro mais gordo que você já viu na vida. O veterinário disse: "Não entendo por que esse cachorro é tão gordo. Mas veja essa linda pelagem que ele tem."

Cães que comem as cuecas de seus donos talvez estejam dizendo a eles algo como: "Deixe-me sair e ter um pouco de liberdade. Eu vou comer sua calcinha se você não me deixar sair. Pare de tratar os animais como algum tipo de flor delicada. Como diz Suzy: "Os cães são como crianças. Eles vão colocar coisas na boca e o que isso faz? Constrói o sistema imunológico deles. Crianças que não conseguem fazer isso não desenvolvem um sistema imunológico. Elas ficam doentes o tempo todo."

Capítulo oito 🐾

SUBSTITUIÇÃO

Como já mencionei, os gatos tendem a assumir entidades. Os cães, por outro lado, assumem doenças e transtornos de personalidade de seus donos, na tentativa de melhorar a vida deles. Eles tomarão para si qualquer que seja a doença de seu dono. A substituição acontece quando um animal assume os transtornos, doenças e ferimentos de outros animais ou pessoas, especialmente seus donos, para curá-los. Quando você vê um cão com uma doença ou transtorno de personalidade, talvez seja uma boa ideia verificar se é o dono quem realmente tem o problema.

Trabalhamos em um cachorro que apresentava diferentes tipos de câncer continuamente. Um dia eu perguntei: "Você está tomando para si o câncer de algum membro da sua família?" A energia dizia sim. Eu disse aos donos do cachorro: "Alguém precisa fazer exames diagnósticos de câncer". A pessoa favorita do cachorro era a mãe da família. Ele sempre se sentava ao lado dela e colocava a cabeça nos pés dela enquanto ela ficava sentada em uma cadeira. Ele fazia isso desde que era um filhote. Ninguém sabia disso na época, mas descobriu-se que a mãe estava com câncer e morreu cerca de três semanas depois. Ela não tinha sintomas. O cão tinha todos os sintomas.

Os cães também assumem nossas emoções. Na Nova Zelândia, trabalhamos com uma cachorra chamada Nick-Nick, que se tornou muito ansiosa e nervosa. Descobrimos que a ansiedade, na verdade, era da filha da família, que se preparava para sair para o mundo e não sabia o que queria fazer da vida. Nick-Nick estava tentando tirar o nervosismo do corpo dela. Sugeri que a filha tivesse uma conversa com uma determinada senhora, que pudesse lhe dar alguma orientação e ajudá-la a resolver as coisas. Eu lhe disse que assim que superasse seu nervosismo sobre o que fazer com sua vida, Nick-Nick superaria o nervosismo também. E depois eu disse: "Então, tudo o que Nick-Nick está assumindo por você, podemos agora destruir e descriar isso e pelo menos dar a ela um pouco de descanso?"

Substituição não é uma coisa boa. Os animais não podem realmente remover doenças ou condições das pessoas, porque as pessoas precisam estar dispostas a olhar para seu próprio ponto de vista. A substituição apenas tira os sintomas, alivia a dor ou diminui a intensidade deles. À primeira vista, isso pode parecer positivo, mas se a pessoa não sabe que tem câncer, ela não fará nada para mudar a condição.

Embora os animais não possam curar nossas doenças, eles podem nos ajudar de outras maneiras. Por exemplo, existem muitos clubes de equitação terapêutica, onde as pessoas obtêm resultados terapêuticos maravilhosos ao andar a cavalo. Recentemente, ouvi falar de um lugar onde crianças com autismo montam cavalos e trabalham com eles, e no final do dia, as crianças estão sorrindo, felizes e tão relaxadas que deitam e dormem. As crianças se sentem totalmente honradas e cuidadas quando estão com os animais.

Uma *beagle* que estava morrendo por causa da obesidade

Em uma classe recente para cães, trabalhamos em uma *beagle* que estava morrendo por causa da obesidade. Ela estava tão gorda que não conseguia juntar as pernas. Sua dona a alimentava com enormes tigelas de comida três vezes ao dia. A mulher dizia: "Ah, querida, coma mais um pouco. Você ama tanto sua comida." Não.

Descobrimos que a cachorra estava atendendo à necessidade de comer da dona, não à sua própria necessidade. Estava mostrando à dona que se importava com ela comendo toda a comida que ela lhe dava. A mulher disse: "Eu a alimento e depois ela vomita tudo". Ela deu a sua *beagle* de sete quilos a quantidade de comida que deve ser servida a um cachorro de trinta quilos. O que a cachorra deveria fazer com isso? Vomitar. Mas nós, os humanos, somos as espécies inteligentes e pensantes, os seres sencientes. Quão estúpidos temos que ser?

Nossa amiga Suzi contou à mulher que a cachorra dela estava morrendo e que ela precisava lhe dar menos comida. A mulher disse: "Não posso lhe dar menos comida, isso não seria legal."

Suzy disse: "Bem, você está matando sua cachorra por alimentá-la demais. Você quer que sua cachorra morra ou faça dieta?

A mulher disse: "Ok, dieta."

Esse problema alimentar era, na verdade, da mulher. Mas ela alimentou a cachorra com menos comida e, depois de três semanas, ela conseguia passear e começou a correr na praia. Agora, quando Suzy vai visitá-la, a cachorra rola e a deixa acariciar sua barriga, enquanto antes não conseguia rolar de jeito nenhum.

O fato é que seu cão vai tentar cuidar de você. Seu animal tentará cuidar de você comendo demais se é isso que você quer fazer – e não se permite. Eles assumirão as coisas em seu lugar, porque se importam com você.

Uma *corgi* que dedicava sua vida a curar

Em um de nossos workshops com animais, trabalhamos em uma *corgi* de três anos que tinha vários problemas de saúde. O dono da cachorra disse que se corresse muito, ela ficava manca, além de ter problemas nas articulações, problemas na área do cóccix, problemas de pele, cálculos e infecções recorrentes na bexiga. A cachorra também tinha um problema de comportamento. Ela era excessivamente amigável e se aproximava demais de todo mundo, incluindo outros cães.

Sabendo que cães, em particular, se tornam substitutos das doenças de seus donos para tentar curá-los, perguntei à *corgi* se ela estava fazendo uma substituição. A resposta foi: "Sim!"

Então perguntei a ela: "Quantas das doenças físicas que você está enfrentando são suas tentativas de curar seus donos? A maioria delas? Todas elas? Algumas delas? Nenhuma delas? Qual delas?"

A resposta foi: "Todas elas."

Ela disse: "Estou curando todos o mais rápido que posso". Perguntei se ela gostaria de melhorar sua habilidade como curadora para não ter que lidar com as doenças das pessoas. Ela disse sim.

Eu disse: *"Então, tudo que você adquiriu como substituto universal e tudo que fez para ser um substituto por sua família, podemos agora destruir e descriar tudo que não lhe permite ser capaz de curar o que quer que seja mais rapidamente? Certo e errado, bom e mau, POD e POC, todas as 9, curtos, garotos, POVADs e aléns."*

Essa é uma cachorra cuja vida foi dedicada a curar.

Perguntei: "Você vai curar apenas seus donos ou qualquer pessoa que tocar você?"

A resposta dela foi: "Qualquer pessoa que me tocar."

Isso explicou o motivo pelo qual ela se aproximava de todo mundo.

"Ok, vou curar você. Vou curar você. Vou curar você."

Muitas vezes, os cães tentam realmente curar as pessoas. Muitas vezes, eles pulam nas partes íntimas das pessoas para fazer um trabalho de cura. Eles vão para essas áreas a fim de sentir a energia da pessoa.

Eu disse: *"Então, tudo que você fez, tudo que não fez, e tudo que fizeram para invalidá-la por algo que na verdade foi uma cura, podemos agora destruir e descriar tudo isso? Certo e errado, bom e mau, POD e POC, todas as 9, curtos, garotos, POVADs e aléns."*

Você pode fazer algumas melhorias bastante significativas na saúde do seu cão, reconhecendo que ele pode estar assumindo seus transtornos, doenças e condições na tentativa de curá-lo. Quando você vir um cão com uma doença ou transtorno de personalidade, verifique com ele se de fato é o dono que tem o problema.

Capítulo nove 🐾

PROJEÇÕES, EXPECTATIVAS, SEPARAÇÕES, JULGAMENTOS E REJEIÇÕES

Na primeira classe que fizemos sobre animais, havia um cachorro velho que tinha uma coisa cinzenta e nebulosa nos olhos.

Perguntei: "O que há de errado com esse cachorro?"

O dono dele sussurrou: "Ele está se preparando para uma transição." Como se o cachorro não pudesse ouvir seu dono dizendo que ele estava se preparando para morrer!

As pessoas colocam suas projeções, expectativas, separações, julgamentos e rejeições nos animais. Isso é feito pelo pensamento e pela fala. Elas dizem ou pensam coisas como: "Ah, coitadinho. Parte meu coração ver você assim." Ou: "Seria melhor se você estivesse morto". O animal tenta se tornar o que nós queremos que ele seja. Quando essas projeções, expectativas, separações, julgamentos e rejeições não são reconhecidos pelo que são, podem criar uma tremenda distorção na capacidade de ser e no corpo do animal.

Os cães – e todos os outros animais – captam todos os nossos pensamentos, sentimentos e emoções. Isso é um idioma para eles. Eles vão duplicar ou copiar energeticamente nossos sentimentos e pensamentos. Se projetarmos um pensamento como "cachorro mau" ou "cachorro preguiçoso", ou qualquer que seja o ponto de vista que tenhamos, um animal o captará. Muitas vezes eles vão assumir e agir em relação a isso. Eles se tornarão qualquer coisa que projetemos neles.

Projeções, expectativas, separações, julgamentos e rejeições são removidos indo ao ponto em que foram criados. Ir ao ponto da criação desbloqueia o que quer que seja e permite que isso se dissipe para que uma nova possibilidade possa aparecer.

Removemos as projeções e expectativas de que esse velho cachorro ia morrer – e instantaneamente seus olhos cinzentos e nebulosos ficaram pretos. Eu não tinha feito uma classe sobre animais antes e estava tentando ser suave, legal e cortês. Quando vi a mudança nos olhos do cachorro, pensei que eu pudesse ter enlouquecido.

Pensei: "Eu realmente enlouqueci agora. Passei dos limites totalmente. Nada aconteceu aqui. Eu só acho que está acontecendo."

Perguntei às pessoas na classe: "Alguém viu uma mudança na cor dos olhos desse cachorro?"

Todos disseram: "Sim, toda aquela coisa leitosa foi embora e os olhos do cachorro estão totalmente pretos."

Eu disse: "Ok, legal."

O poder das projeções

Cavalos e outros animais de exposição têm muitas projeções e julgamentos sobre eles. Quando você leva um cavalo para uma apresentação, por exemplo, alguém vai dizer: "Eu odeio esse cavalo", e o cavalo vai captar isso. O que a pessoa odeia é o fato de que aquele cavalo vence o cavalo dela, mas não é assim que o cavalo recebe isso. O que ele capta é: "Eu odeio esse cavalo", e então carrega a projeção. Essas projeções e julgamentos podem ter efeitos muito adversos em cavalos e outros animais.

Trabalhei recentemente com um cavalo que sofreu um grave acidente com um cavaleiro. As pessoas haviam projetado alguns julgamentos bastante brutais sobre ele, no sentido de que era um cavalo ruim, era um cavalo terrível e deveria ser morto. O cavalo estava morrendo, literalmente. Estava perdendo peso. Independentemente do alimento que lhe davam, eles não conseguiam fazê-lo engordar. Ele ficava nervoso e irritado o tempo todo. Tinha parado de brincar. Quando ficava solto com os outros cavalos, se colocava no canto e tinha calafrios. Ele não estava nada bem. Retiramos as projeções colocadas sobre ele e quando o vimos no dia seguinte, ele estava deitado no chão, totalmente confortável consigo mesmo. Dentro de algumas semanas, ele passou a ganhar peso substancialmente e a brincar, pular e empinar com os outros cavalos.

Também fiz alguns trabalhos em uma *peruana de passo* que tinha sido treinada por um treinador de *quarto de milha*. Era uma égua fraca e rígida, e não podia ser montada. Ela ficava tensa e respirava de um jeito estranho, e não tinha forças para carregar ninguém. Enquanto trabalhava nela, percebi que o treinador do *quarto de milha* havia projetado coisas nela. Eu disse: "Ok, todas as projeções e expectativas, além de todos os julgamentos sobre como você não é tão boa quanto um *quarto de milha*, podemos destruir e descriar isso, por favor?"

Liberei todos eles e, em duas horas, a *peruana de passo* estava ultrapassando todos os outros cavalos de seu grupo. Duas semanas depois, seu dono a vendeu para uma avó que a montou, colocou sua neta atrás dela e saiu cavalgando com ela.

Previsões terríveis

Às vezes, as pessoas que cuidam de nossos animais fazem previsões terríveis sobre futuros problemas de saúde que eles terão. Trabalhamos com uma *pug* que havia sido atropelada quando filhote e, embora ela tenha se curado lindamente de seu acidente e estivesse perfeitamente saudável, seu veterinário previa que ela teria artrite quando ficasse mais velha.

Quando alguém colocar projeções e expectativas em seu animal, você não tem que comprá-las. Você pode dizer: *Tudo que isso é, vamos destruir e descriar e devolver tudo ao remetente? Certo e errado, bom e mau, POD e POC, todas as 9, curtos, garotos, POVADs e aléns.*

Você também pode ir ao ponto de criação de todas as projeções, expectativas, separações, julgamentos e rejeições de sua capacidade de curar o animal, da necessidade de curar o animal ou do terror abjeto de que você não vai conseguir curá-lo ou ajudá-lo. Na verdade, entretanto, você não está curando o animal; está simplesmente removendo os bloqueios de energia que o impedem de se curar.

Um gato selvagem

Em uma de nossas classes sobre animais, uma senhora nos contou sobre seu gato. Era um gato selvagem que tinha nascido em um celeiro. Ela o pegou quando tinha cinco semanas de idade, e ele era muito arisco, mas se acomodou com ela e sua família. Quando a família se mudou para uma nova casa, distante um pouco mais de um quilômetro, levou o gato junto, mas ele sempre voltava para a casa antiga. Seus donos iam atrás dele, o pegavam e o traziam para casa. O gato comia, saía pela portinha do gato e eles não o viam de novo até que voltassem à casa antiga a fim de pegá-lo novamente. Eles fizeram isso cerca de quinze vezes. O gato se acostumou a andar de carro.

Obviamente, o gato estava indo para "casa", mas seus donos não estavam dispostos a deixá-lo ter sua antiga casa como o lar dele. Pensavam que estavam sendo responsáveis por ele ao insistir que ele morasse junto na nova casa. Ser responsável por um gato? Acho que isso é superioridade. Eles finalmente desistiram desse ponto de vista, e o gato começou a ir para a casa ao lado de sua antiga casa.

Ficou bem claro para todos que ele queria morar lá, mas a vizinha não tinha a pretensão de tê-lo como seu gato. Ela ligava para os donos e dizia: "Ele está aqui de novo. Venham buscá-lo." Eu disse à dona dele: "Sua vizinha acha que você quer ficar com o gato porque continua voltando para pegá-lo. Por que não diz à sua vizinha: "Ei, aparentemente o gato a ama mais do que nos ama. Por que você não fica com ele?"

Ela nos contou que o gato ia para a casa da vizinha miar às três horas da manhã, e a vizinha se levantava e o alimentava. Tudo bem para a vizinha; sua reclamação era que ele trazia pássaros e ratos mortos para sua porta.

Os gatos nos trazem animais mortos porque estão tentando nos dizer que nos amam. Eles querem nos alimentar. Eles estão nos deixando comida de presente. E quando nos trazem animais vivos, é porque querem que participemos da matança. Eles sabem como é divertido matar e acham que precisamos ter essa experiência. Eles querem que tenhamos diversão em nossas vidas. Você persegue o rato. Eles perseguem você. Todo mundo está se divertindo, então qual é o problema?

Removi as projeções, expectativas, separações e julgamentos colocados sobre o gato – assim como as rejeições e desonras sobre as escolhas dele, dizendo: *"Então, todas as projeções, expectativas, separações, julgamentos e rejeições sobre este gato e todas as desonras sobre as escolhas dele, podemos destruir e descriar tudo isso, por favor? Certo e errado, bom e mau, POD e POC, todas as 9, curtos, garotos, POVADs e aléns."* Isso liberou um pouco de energia.

A senhora também disse que esse gato vivia no limite. Sempre ficava ansioso. Perguntei se o nervosismo tinha a ver com o gato, ou com a mãe dele, e a resposta foi que vinha da mãe dele. A mãe também era uma gata selvagem – e então ela era o quê? Ansiosa, irritadiça e no limite o tempo todo, tentando garantir que os humanos não a pegassem.

Eu disse: *"Todos os ensinamentos que a mãe desse pobre gato lhe deu, para que ele pudesse ser um gato selvagem tão bom quanto ela era, podemos agora destruir e descriar tudo isso e devolver ao remetente? Certo e errado, bom e mau, POD e POC, todas as 9, curtos, garotos, POVADs e aléns."* Assim que disse isso, todos na classe puderam sentir a energia começando a se abrir. Era como uma brisa refrescante de primavera que soprava no local onde estávamos sentados. Era a conexão com Deus, fonte, unidade, ou como quer que você queira nomear isso, que todos nós temos e somos – incluindo os animais.

Capítulo dez 🐾

SISTEMA DE DESPRENDIMENTO DA VALÊNCIA TERMINAL MOLECULAR (MTVSS)

Nossa ferramenta preferida para desfazer quase qualquer mau funcionamento do corpo é um processo prático chamado *Sistema de desprendimento da valência terminal molecular (MTVSS)*. Esse processo libera todos os lugares bloqueados no corpo e pode ter um efeito importante no sistema imunológico, especialmente quando é feito nas articulações. Funciona tão bem em animais quanto em pessoas. É especialmente útil fazer *MTVSS* depois que um animal sofreu um trauma. Quando uma célula é traumatizada, por exemplo, se um animal é chutado, fica preso em arame farpado ou colide com uma janela de vidro, a memória desse trauma fica trancada em suas células, que não sabem como voltar à sua memória natural.

MTVSS pode liberar o trauma e permitir que o corpo retorne ao seu modo natural de funcionamento.

Em um de nossos workshops sobre animais, havia um cachorro velho que estava muito rígido, e pedi a um dos participantes da classe que fizesse *MTVSS* na coluna dele. Ela fez *MTVSS* na coluna do cachorro por cerca de dez minutos. Quando ela terminou, o cachorro se levantou e se espreguiçou, e pudemos ouvir cada vértebra se ajustando. Fez "tréqui, tréqui, tréqui, tréqui, tréqui", e o cachorro saiu andando sem mancar. Foi uma coisa incrível de assistir. Estávamos sentados em círculo, então o cachorro se virou, veio até nós e enfiou o focinho na virilha de todos que estavam no círculo. Quando estiver trabalhando com cães, se eles se aproximarem e enfiarem o nariz na sua virilha, eles estão dizendo: "Obrigado".

Como fazer MTVSS?

A chave para fazer *MTVSS* é seguir a energia. O que isso significa? Se estiver disposto a receber a informação, o corpo do animal lhe dirá onde colocar as mãos. O animal mostrará energeticamente onde você precisa tocá-lo. De repente, suas mãos vão travar em um ponto específico. É meio magnético. Suas mãos se moverão para o lugar certo e você saberá: "Ok, aqui é onde minhas mãos precisam ficar. Não sei o porquê, mas elas precisam ficar aqui. Não faz sentido, mas este é o lugar certo." Coloque as palmas das mãos na área apresentada. Em seguida, diga o enunciado aclarador para *MTVSS*, que é: "*MTVSS e tudo mais, conhecido e desconhecido. Certo e errado, bom e mau, POD e POC, todas as 9, curtos, garotos, POVADs e aléns.*"

MTVSS deve ativar-se imediatamente, o que significa que quase instantaneamente você sentirá uma energia correndo por suas mãos. As pessoas experimentam a energia de formas diferentes.

Algumas pessoas sentem calor, outras sentem uma vibração. Para algumas fica frio, para outras parece uma descarga elétrica.

Na verdade, são todas essas coisas. Cada um de nós percebe a energia da maneira que estamos dispostos a perceber. Se *MTVSS* não começar a correr imediatamente, continue repetindo o enunciado aclarador até que se ative.

Fazendo *MTVSS* em Carlos

Em um de nossos workshops, trabalhamos com Carlos, um lindo *puro-sangue* cinza que havia sido caçador e se apresentava em níveis muito avançados. Carlos estava aposentado e seu treinador acreditava que ele tinha cerca de dezoito anos, mas eu achava que ele provavelmente tinha entre 21 e 22 anos de idade. Anos atrás, um senhor idoso que estava no ramo de cavalos desde o início da década de 1920 me ensinou a determinar a idade de um cavalo olhando seus dentes e depois suas costelas. Ele disse que quando um cavalo atinge dez anos, suas costelas começam a se expandir, e você pode dizer quantos anos ele tem, simplesmente sentindo como suas costelas estão expandidas. Os ciganos supostamente desenvolveram esse método para descobrir a idade dos cavalos. Quando os dentes de um cavalo ficavam compridos, indicando a idade avançada, as pessoas os lixavam para que os compradores em potencial pensassem que o cavalo tinha 10 anos em vez de 25 anos. Os ciganos ficaram espertos com esse truque e aprenderam a verificar as costelas do cavalo para garantir que não ficassem comprometidos com um cavalo velho.

Carlos tinha um hábito chamado tecelagem[1]. Ele ficava no portão de seu pasto e balançava para frente e para trás. Esse movimento deixou seus ombros tão doloridos que ele ficou manco. Uma

---

[1] N.T.: Conhecido como tecelagem ou dança do urso.

participante do workshop se ofereceu para fazer *MTVSS* nos ombros dele. Pedi a ela que ficasse ciente de onde o corpo de Carlos estava dizendo para ela colocar as mãos, e ela as colocou no ombro direito de Carlos. Eu coloquei minhas mãos em cima das dela para lhe mostrar como é a energia do *MTVSS* e disse o enunciado aclarador.

Depois lhe pedi que o tocasse muito suavemente e permitisse que a energia fluísse por suas mãos. Você não precisa segurar firme. Às vezes, parece que a energia está fluindo do animal para suas mãos, o que significa que a energia presa está sendo desbloqueada, e noutras vezes parece que a energia está fluindo através de você para o animal, o que significa que o animal precisa de energia para mudar algo em seu corpo.

Algumas pessoas tentam tirar a energia dos animais ou tentam colocar energia neles. Muitas práticas metafísicas tentam fazer a cura dessa maneira. Não é isso que fazemos. Trabalhar com energia em Access não tem a vem com fazer, mas com desbloquear. Estamos desbloqueando energias presas e permitindo que elas fluam. Às vezes, as pessoas dizem que parece que a energia está se acumulando em suas mãos. Se isso acontecer, dizemos a elas que deixem a energia fluir pelo topo da cabeça. A ideia é simplesmente deixar a energia fluir.

A mulher que estava trabalhando em Carlos sentiu o calor em suas mãos, e ela as manteve em Carlos até que o calor começou a diminuir, o que era indicação de uma mudança. Quando a energia muda, geralmente indica que o problema foi resolvido ou que o animal liberou tudo o que pôde no momento. Nem todos os cavalos obtêm um resultado ou solução instantânea, mas muitas vezes isso acontece. A mudança ocorrerá muito rapidamente e, em vinte minutos, você às vezes terá um cavalo diferente sob suas mãos.

Também fizemos *MTVSS* na nuca de Carlos, o ponto entre as orelhas, porque os cavalos, principalmente os que já saltaram, têm muito estresse na coluna e não há muitas coisas que aliviem. A quiropraxia ajudará até certo ponto, mas *MTVSS* pode fazer uma grande diferença. Pudemos ver que *MTVSS* ajudaria a desbloquear todo o sistema vertebral de Carlos, porque assim que colocamos as mãos em sua nuca, sua cabeça baixou e ele começou a relaxar. Após cerca de vinte minutos de *MTVSS*, Carlos começou a lamber os lábios, o que é sinal de relaxamento, e então começou a se afastar. Ele estava nos informando que havia terminado.

Continue fazendo *MTVSS* até que sinta a energia parar

Também usamos *MTVSS* em uma égua chamada Topaz, que havia machucado o pescoço anos antes. Ela não conseguia virar a cabeça de jeito nenhum. Depois que fizemos vinte minutos de *MTVSS* em dois dias seguidos, ela conseguiu enfiar a cabeça embaixo da barriga e se coçar, algo que não conseguia fazer há quinze anos.

Mudanças tremendas podem ocorrer em um período muito curto de tempo usando esses processos com animais. Eles estão muito mais dispostos do que os humanos a liberar lesões, dores, falta de movimento e problemas em seus corpos. Continue fazendo *MTVSS* até sentir a energia parar. É possível sentir calor por um tempo e, de repente, o calor se dissipa. Com os animais, isso pode acontecer muito rapidamente porque eles recebem a energia totalmente. Eles não vão recusar simplesmente nada. Dez ou vinte minutos é tudo o que eles conseguem receber.

Os cavalos muitas vezes gostam de deitar e rolar no chão depois de fazer esse tipo de trabalho. É a maneira como eles fazem os ajustes finais na coluna. Se rolássemos na areia como eles fazem, provavelmente ajustaríamos nossa própria coluna também.

Depois de fazer *MTVSS* algumas vezes e começar a perceber a energia do que é *MTVSS*, você pode colocar as mãos em um cavalo e dizer *MTVSS*. O processo começará a ser executado. Você não precisa fazer nada além de ser um canal para a energia.

Eu tenho um amigo cujo cachorro foi atropelado por um carro e o veterinário lhe disse que eles teriam que fazer uma artroplastia de quadril. Fiz *MTVSS* no cachorro por trinta minutos em um dia, trinta minutos no dia seguinte e cerca de trinta minutos no outro, então 70% a 89% da claudicação desapareceu. O cachorro conseguiu subir sozinho no carro pela primeira vez desde o acidente. Seus donos fizeram *MTVSS* mais algumas vezes depois disso, e agora o cão não manca mais e nunca teve que fazer a cirurgia para colocar uma prótese no quadril.

Os corpos são criados para serem generativos. Infelizmente, a tendência é ficarmos presos na dor, e isso cria degeneração em vez de nossa capacidade geradora. Quando liberamos a energia e permitimos que esses processos funcionem, os corpos se tornam mais generativos e "milagres" podem ocorrer.

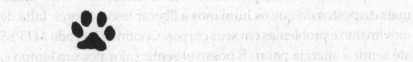

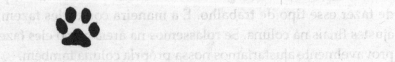

Capítulo onze 🐾

MEMÓRIA CELULAR

Memória celular é um processo dinâmico que cria alguns milagres aparentes ao permitir que o corpo escolha se curar. Você já machucou um local do seu corpo que nunca parecia se curar? Você continuou ferindo o mesmo local repetidamente por anos depois disso? As células continuavam atraindo dor para aquele ponto repetidas vezes por causa do trauma que estava trancado nele. As células ficaram presas no trauma. Aparentemente, elas não saíram do trauma; em vez disso, buscavam mais traumas. *Memória celular* desbloqueia as células do ponto em que foram traumatizadas, para que possam voltar a fazer o que deveriam estar fazendo. Ele apaga a memória de um trauma a que a célula estava apegada. Ele devolve às células a consciência do que deveriam ser, e elas começam a se criar a partir disso. Esse processo é extremamente poderoso quando usado com animais e pessoas.

Como fazer *Memória celular*?

Se você tem um ponto dolorido em seu corpo, toque-o e vá até o ponto de criação da memória celular do trauma. O enunciado aclarador para a memória celular é: *"Memória celular, ponto de criação, gira, ponto de criação, gira, ponto de criação, gira."* Dizer isso cria a energia em suas mãos para que você possa desfazer o trauma bloqueado. Leva apenas um segundo para chegar lá em um nível de memória celular. Continue dizendo o enunciado aclarador até sentir que a energia começa a se mover. Melhor ainda, peça que outra pessoa faça isso para você. É mil vezes mais dinâmico quando feito por outra pessoa.

Quando um animal sofreu algum tipo de trauma, você pode fazer *Memória celular* na área traumatizada. Se foi operado, mordido ou teve algum outro tipo de experiência traumática, *Memória celular* é a coisa certa a fazer. Pode mudar e suavizar o tecido cicatricial. Se o animal passou por uma operação interna, você pode fazer *Memória celular* nos órgãos ou nas cicatrizes internas. No estábulo onde mantenho meus cavalos, havia um cavalo que bateu o olho em alguma coisa. O olho ficava piscando e saía pus dele. Esse cavalo nunca foi amigável comigo. Eu disse: "Deixe-me ver se posso fazer alguma coisa com isso". Coloquei minha mão em seu olho e disse o enunciado aclarador. Em cinco minutos a energia mudou e eu tirei minha mão. O olho do cavalo estava aberto e totalmente claro. Não lacrimejava mais. A partir daquele momento, aquele cavalo ficava do meu lado aonde quer que eu fosse. É como se ele estivesse dizendo: "Você é meu amigo."

Trabalhamos com uma égua *puro-sangue* de dezesseis anos que levou um chute no joelho quando tinha oito meses de idade e, depois desse evento, passou a atingir obstáculos ao saltar. Ela tinha artrite em ambos os joelhos e o que havia sido ferido só flexionava um pouco. Pedi a ela que fosse até o ponto de criação de todos os pensamentos, sentimentos e emoções imediatamente anteriores ao trauma do chute, destruindo-os e descriando-os. Fizemos então *Memória celular*, necessário nesse caso, porque o chute traumatizou as células e as células mantiveram o estresse desse trauma. *Memória celular* liberou a área significativamente. Também usamos *Memória celular* com um cavalo que tinha uma cavidade na espádua por ter passado por uma cerca de arame farpado; as células ficaram presas no trauma do evento. Trabalhamos uns quinze ou vinte minutos no local fazendo *Memória celular*, o recuo sumiu e a área ficou arredondada novamente, o que foi muito bom.

Se não tiver certeza sobre o que causou um problema ou se deve usar *MTVSS* ou *Memória Celular*, pergunte ao animal. Sempre pergunte ao animal. O animal sabe. Trabalhei com um cavalo em uma classe e toda vez que perguntava: "Precisamos fazer x, y ou z?" – ele acenava com a cabeça quando eu dizia o processo certo. Mesmo que não entendesse as palavras que eu dizia, sabia energeticamente o que era certo. Os animais captam as coisas energeticamente de uma maneira muito mais dinâmica do que somos capazes de reconhecer. É apenas uma questão de fazer perguntas e ouvir a resposta da energia. Você precisa obter o "plim" energético em sua cabeça, ou o que quer que sinta pessoalmente, que permita que saiba com o que está lidando. Se aplicar esse princípio de perguntar a todas as áreas de sua vida, não apenas a animais, plantas e humanos, mas a todas as áreas da vida, descobrirá que há muito mais informações disponíveis para você. O universo inteiro está tentando se comunicar conosco e nos dar informações sobre o que é possível, mas não estamos dispostos a recebê-las. Se estivéssemos, teríamos um universo muito mais amplo e muito mais coisas nos facilitando a alcançar o que desejamos.

Cada um de nós vê de
uma posição ou perspectiva diferente

Quando estou fazendo classes sobre animais, pergunto aos participantes quais processos devemos usar nos animais com os quais estamos trabalhando. Faço isso para ajudá-los a desenvolver a própria capacidade de confiar nas informações que recebem. Muitas vezes, pessoas diferentes dão respostas diferentes para a mesma pergunta e me questionam como isso funciona.

Cada um de nós vê de uma posição ou perspectiva diferente. É de se esperar que se você estiver olhando para algo de uma posição ligeiramente diferente, terá uma percepção diferente da minha. O que você capta será correto e onde você colocar suas mãos será correto. Nem todos podem ver do mesmo lugar e nem todos vão obter as mesmas informações. A ideia não é a concordância. A ideia é a consciência. Depois de começar a fazer esses processos e obter alguns resultados, você começará a confiar nas informações que recebe.

Capítulo doze 🐾

VIDAS PASSADAS

Os animais às vezes têm conexões de vidas passadas com pessoas que os levam a fazer coisas estranhas. Se um animal é estranho com alguém logo de cara, pergunte a ele sobre conexões de vidas passadas com essa pessoa. Muitas vezes há uma conexão com uma vida passada que envolveu algum tipo de abuso ou algo que levou o animal a decidir: "Nunca mais vou deixar essa pessoa me tocar novamente". Você pode perguntar: "Isso é algo de vidas passadas? Que decisões e julgamentos você fez por causa disso?"

Uma senhora que veio a uma classe que fizemos no Texas trouxe um *grande pirineus* com ela. Ela criou esse cachorro desde os oito meses de idade e o manteve por dois anos, mas não conseguiu vendê-lo porque ele não chegava perto das pessoas. Não suportava homens e se acovardava no chão sempre que passava por pessoas. Um dia, dois homens que procuravam um cachorro entraram na casa dela. O *grande pirineus* estava em uma jaula e, quando viu os homens, seu corpo voou da frente da jaula para a parede dos fundos.

Perguntamos: "O que foi projetado neste animal?" Uma pessoa do grupo que se comunicava com animais disse: "Em uma vida passada, esses dois caras tinham um botão que podiam apertar para derrubar aquele animal. É assim que eles o controlavam. Eles o fizeram atacar pessoas e outras coisas."

Eu disse: "Uau, isso combina com a energia."

O cachorro havia sido atacado em outra vida e quando viu as pessoas que o abusaram, a mesma resposta foi desencadeada. Ele voou pela gaiola e atingiu a parede dos fundos. Trabalhamos no cachorro e removemos todos os pontos de vista e decisões que criavam esse efeito e, quando terminamos, o cachorro se levantou, foi até o homem mais próximo, enfiou o focinho na virilha do cara e o deixou acariciá-lo.

Antes de trabalharmos nele, ele se encolheu e rastejou no chão como um *dachshund*. Após trabalharmos nele, passou a ir até as pessoas e a abanar o rabo. O cachorro estava totalmente mudado.

A mulher disse: "Ok, tenho que perguntar. Tenho que acreditar nessa droga de vidas passadas?"

Eu disse: "Não, você não precisa."

Ela disse: "Bem, não acredito nisso, mas com certeza funciona."

O cachorro foi totalmente transformado.

Capítulo treze 🐾

IMPLANTES

Implantes são colocados em nossa forma física com eletricidade, drogas, vibrações, luzes e sons como uma maneira de dominar, manipular e nos controlar e controlar os nossos corpos . Um implante é colocado no corpo com uma carga eletromagnética, então a cada vida em que uma pessoa ou animal volta para um corpo, o eletromagnetismo do implante é reativado, porque todos os corpos têm uma carga eletromagnética. Mesmo que o implante real não exista mais no corpo físico, ele ainda está lá energeticamente. O eletromagnetismo altera a área do corpo que foi implantada e pode fazer com que funcione de forma inadequada.

Às vezes, os implantes são usados para aumentar a habilidade de uma pessoa. Por exemplo, eles podem ser usados para melhorar a habilidade ou o desempenho atlético. Os implantes também são usados em pessoas que têm certos tipos de convulsões. A eletricidade é colocada em certa parte do coração ou do cérebro para interromper a convulsão. Isso pode parecer uma coisa positiva e uma boa ideia, mas o que acontece na próxima vida? Você nunca consegue ter certeza de qual caminho um implante seguirá em uma vida futura. Na próxima vida, o implante pode criar um problema ou prejudicar o desempenho. Descobrimos que um grande número de pessoas que têm problemas nas costas deve-se a implantes que receberam em uma vida anterior.

Quando Dain atendia com quiropraxia, trabalhou por meses em um homem que tinha dores no quadril e na lombar. O rapaz não tinha mobilidade no quadril. Dain estava fazendo tudo o que havia sido treinado para fazer como quiropraxista, mas nada mudou a condição do homem. Depois que Dain aprendeu sobre implantes e como removê-los, decidiu ver se a remoção de implantes poderia melhorar a condição do homem. Ele disse o enunciado aclarador: *"Todos os implantes criando isso, certo e errado, bom e mau, POD e POC, todas as 9, curtos, garotos, POVADs e aléns"*, e esperou um momento. Então, perguntou ao homem como ele estava. O homem se levantou e começou a mover o quadril. Nenhum deles podia acreditar no que viu; uma melhora de 70% na condição.

Removendo o implante de um macaco

Fomos convidados pelo diretor de um centro de resgate de animais no Texas para trabalhar com os animais do local. Quando entramos pelo portão, um macaco começou a gritar tão alto que sabíamos que tínhamos que trabalhar nele primeiro. Ele havia sido mantido em uma gaiola em uma loja de ferragens na cidade de Nova York. Ao longo dos anos, ele enlouqueceu e eles o colocaram no porão. Quando o diretor do centro de resgate de animais o viu pela primeira vez, ele estava em uma jaula de 1,20m de altura, cheia de fezes. Mal havia espaço para ele se mover.

O macaco estava enlouquecido e ninguém conseguia chegar perto dele. Tiveram que atirar nele com um tranquilizante para colocá-lo em uma gaiola de viagem, a fim de conseguirem levá-lo para o centro de resgate.

Trabalhamos bastante nele e ele se acalmou um pouco, mas continuou batendo no peito e agarrando os pelos do peito. Perguntei a ele: "O que está acontecendo com seu coração?"

Percebi que ele tinha um implante.

Em uma vida anterior, o macaco havia sido implantado com algum tipo de implante elétrico e isso ainda tinha efeito sobre ele. Quando perguntei quantos anos tinha esse implante, percebi que tinha oito milhões de anos. Este macaco tinha sido um macaco por oito milhões de anos. A carga do implante se recriava a cada vida. Ele tinha um implante de oito milhões de anos, e assim que o removemos, ele ficou totalmente calmo.

Quando estiver trabalhando com animais, se a energia indicar que é um implante, pergunte por todos os implantes criando qualquer que seja a condição e use o enunciado aclarador neles.

Capítulo catorze 🐾

Propriocepção

A propriocepção é o estado natural de consciência do corpo. É a consciência do corpo de si mesmo no espaço e no tempo. Uma célula com sua propriocepção verdadeira estará em seu próprio universo esférico. As células podem sair da propriocepção quando se cruzam com pensamentos, sentimentos ou emoções negativas. Quando uma célula foi alterada por pensamentos, sentimentos, emoções ou produtos químicos, ela perde sua propriocepção, muda sua forma e se torna elíptica. É como se uma flecha atravessasse a célula e a alongasse. Os cientistas agora acreditam que essa alteração de sua forma é o início da doença.

O que as drogas e outras substâncias químicas causam?

Quando as pessoas atingem certo estágio de desconforto ou doença, muitas vezes recorrem às drogas para alívio, porque elas parecem fazer o corpo se sentir melhor. A droga cria mudanças na forma como o corpo funciona e passa a criar uma propriocepção diferente da estrutura celular. Torna-se necessário continuar tomando os medicamentos para criar essa falsa propriocepção. Na verdade, a droga não está fazendo bem ao corpo; ela está alterando a estrutura química do corpo. Uma vez que um medicamento é tomado, ele cria uma impressão química no corpo.

Qualquer medicamento, receitado ou não, cria uma impressão química no corpo. O corpo então começa a pensar que precisa da droga, ou que precisa se alterar para responder à droga, ou que precisa se alterar para se livrar da droga, e mantém a estrutura celular que foi alterada pela droga. O corpo não fica necessariamente em um estado de saúde; em vez disso, a droga estabeleceu um estado alterado no corpo e ele requer o uso contínuo do produto químico para manter seu estado alterado. Essa realmente é uma falsa propriocepção. O corpo pensa que está em um estado físico ou químico diferente do estado em que realmente está. É como se o corpo estivesse lendo um mapa. Quando quer mudar alguma coisa, olha para o mapa e diz: "Ah, estamos no estado do Texas e queremos chegar à Califórnia. Esse é o caminho." Por causa da droga ou produto químico, o corpo pensa que está no Texas, quando na verdade está em Nova York. Precisa seguir um caminho totalmente diferente para chegar à Califórnia, mas não sabe disso. Como resultado, o corpo produz substâncias químicas totalmente diferentes daquelas necessárias para produzir o resultado desejado.

Essa é a dificuldade com o uso de drogas de qualquer tipo ou por dá-las ao seu animal. Elas alteram a composição química do corpo. Certa vez, vendi uma égua a uma senhora e, mais tarde, a égua ficou com o olho prejudicado. Ela deu esteroides ao animal e grandes quantidades de antibióticos, que criaram todos os tipos de alterações em seu corpo. A égua perdeu peso e sua bela pelagem ficou opaca e felpuda. Seus pelos desenvolveram pontas duplas, o que um cavalo nunca deveria ter. Eu não conseguia acreditar na condição em que ela estava quando a vi. A pelagem daquele cavalo costumava ser tão macia e bonita que, no inverno, o animal parecia ter uma cobertura de verão. Eu disse à mulher que o cavalo não estava em boa forma e que ela precisava lhe dar probióticos e fazer um trabalho no sistema imunológico dele.

Todas essas drogas eram necessárias para ajudar o cavalo a se recuperar da doença ocular? Pode ser. Eu provavelmente teria feito diferente. A primeira coisa que eu teria feito seria perguntar à égua do que ela precisava. Os animais sabem do que precisam. São incríveis as coisas que você pode descobrir quando pergunta a eles!

Trabalhando em uma *corgi* com problemas de pele

Em um de nossos workshops com animais, trabalhamos com uma jovem *corgi* que tinha problemas de pele. Sua dona nos disse que o cão ficava bem no inverno, mas que na primavera ela não parava de mastigar os pés e outras áreas do corpo. Os donos tentaram de tudo. Eles haviam trocado sua comida e até lhe deram Benadryl, um anti-histamínico, em forma de spray. O Benadryl havia criado uma versão falsa de propriocepção, e isso era mantido assim por íons positivos e negativos que eram ativados com radicais livres. O enunciado aclarador que usamos foi:

Então, tudo que cria qualquer tipo de versão química de falsa propriocepção da estrutura celular de seus corpos, você vai destruir e descriar tudo isso? Certo e errado, bom e mau, POD e POC, todas as 9, curtos, garotos, POVADs e aléns.

A dona do cachorro perguntou se ela deveria parar de borrifar anti-histamínicos em sua cachorra, e eu lhe disse que não era necessário, mas que ela deveria continuar fazendo esse processo no cão e, ao fazê-lo, o cão poderia passar a não precisar tanto dos anti-histamínicos. Sugeri que ela perguntasse ao cachorro: "Você precisa disso – ou você precisa de outra coisa?"

A propósito, enquanto você lê esses enunciados aclaradores neste livro, pode descobrir que seu corpo está tendo reações. Não seria incomum. Seu corpo pode estar limpando as coisas sobre as quais estamos falando enquanto você lê, porque esses processos também serão executados em você, não apenas em seu animal.

Capítulo quinze 🐾

Sistemas de sequência
trifásica

Uma senhora trouxe seu gato tigrado para um de nossos workshops e disse que ele tinha uma dor contínua. Ela disse que o gato mal conseguia subir no sofá, e que tentou fazer MTVSS nele, mas o gato – que costumava ser totalmente de colo, passou a ficar por perto por apenas 10 segundos e depois fugia. Não queria MTVSS.

Quando você começa a fazer o processo errado em um animal, ele não deixa. Essa é uma das grandes coisas desse trabalho. Se estiver fazendo a coisa errada, o animal irá embora. É a energia errada. Não cria conforto para eles. Ele dirá: "Já deu. Você está errado."

Eu queria saber como o gato veio para ficar com ela. Teria aparecido em sua porta e a escolhido – ou tinha chegado a ela quando filhote?

Ela disse que tinha acabado de aparecer na casa dela. Se um animal vem até nós, geralmente há algo que ele quer de nós. Pode ser uma energia que criamos, que lhe permite um nível de liberdade que ele não consegue ter em outro lugar. Enquanto a dona falava sobre seu gato, tive a ideia de que algo deve ter acontecido com o gato antes de chegar até ela.

Quando eu lhe disse, ela respondeu: "Gary, quando você disse isso, recebi uma imagem do gato sendo jogado para fora de um carro. Vivemos no campo, e as pessoas da área parecem ter a ideia de que, se não quiserem seu animal, podem simplesmente deixá-lo no campo e ele se defenderá sozinho. Todos os nossos vizinhos têm cachorros, então os gatos tendem a aparecer em nossa casa." Eu corri o enunciado aclarador sobre todos os pensamentos, sentimentos e emoções que imediatamente precederam o trauma. Perguntei então se o gato gostaria de *MTVSS, Memória celular* ou *Sistemas de sequência trifásica*? *Sistemas de sequência trifásica* foi a resposta.

Sistemas de sequência trifásica é um processo usado quando pessoas ou animais voltam continuamente a um evento traumático e o vivenciam como se tivesse acontecido ontem. Eles ficam presos lá. Nunca parecem superar isso. É como se estivesse acontecendo o tempo todo. Isso aparece em humanos como transtorno de estresse pós-traumático. Conheci um homem que havia sofrido um acidente de carro dez anos atrás, e ele sempre dizia: "Eu estava no acidente ontem". Ele entrava em um círculo vicioso e continuava criando o acidente. Para ele, parecia que aquilo havia acabado de acontecer. *Sistemas de sequência trifásica* é um processo especialmente bom para pessoas que fizeram terapia para choque, para animais que foram gravemente traumatizados, para pessoas que estiveram em guerras ou acidentes ou para aqueles que perderam entes queridos.

Perguntei ao filho da dona do gato, que também estava no workshop de animais, se ele executaria *Sistemas de sequência trifásica* no gato, e ele concordou em fazê-lo. Pedi a ele que colocasse as mãos no corpo do gato onde achasse mais apropriado. Coloquei minhas mãos sobre as dele e pedi que ele sentisse a energia.

Como fazer *Sistemas de sequência trifásica*?

Eu disse: *"Sistemas de sequência trifásica e tudo que permite que eles existam, certo e errado, bom e mau, POD e POC, todas as 9, curtos, garotos, POVADs e aléns..."* Continuei repetindo essa frase até que começou a correr. Tudo o que você precisa fazer é dizer o enunciado aclarador. Depois de dizer isso, o animal sabe o que quer de você e a energia começa a funcionar. Se não consegue se lembrar do enunciado aclarador, pode simplesmente dizer: "Todas essas coisas que Gary diria". Isso também funciona.

Uma vez que tenha realmente experimentado qualquer uma dessas energias e processos práticos, no momento em que colocar as mãos em um animal, a energia começará a funcionar, e o animal pegará o que precisa de você. Você praticamente não precisa dizer nada porque o corpo do animal dirá: "É isso que eu quero". Você colocará as mãos no animal e o processo começará a acontecer.

Fazendo *Sistemas de sequência trifásica* em Capri

Trabalhamos com Capri, uma linda cruza de *holsteiner* e *puro-sangue*, que começou a ser exibida aos seis anos. Em um ponto de sua carreira, enquanto pulava, ela e seu cavaleiro caíram para trás. Quando um cavalo tomba ou cai, cria-se um grande choque em seu universo. Eles não gostam de cair – e eles definitivamente não gostam de retroceder. Noventa por cento das vezes que um cavalo anda para trás, é por causa do cavaleiro.

83

Como resultado do acidente, Capri desenvolveu um problema no fêmur na altura de seu quadril e não podia andar porque ficava frenética com a dor. Sempre que alguém tentava montá-la, ela voltava ao acidente de salto. Ela sabia que seria um desastre novamente.

Percebi imediatamente que Capri não havia sido bem tratada após o acidente, e que muitas projeções, expectativas, separações, julgamentos e rejeições foram feitos em relação a ela. Nós os removemos e então fizemos *Sistemas de sequência trifásica*, um processo que criou um grande movimento nas costas e na coluna. Enquanto trabalhávamos nela, ela levantava as pernas e agia como se fosse chutar – mas, na verdade, ela estava esticando o quadril para que pudesse voltar ao lugar onde devia estar.

Então levei minha mão para o quadril dela, onde havia muita energia acumulada, ela respirou fundo e disse: "Graças a Deus alguém está tocando o lugar certo". Os *Sistemas de sequência trifásica* correram bem. Saíram muitas faíscas, o que significava que o quadril estava energeticamente bloqueado por um longo tempo.

Depois de cerca de vinte minutos, ela obteve tudo o que podia e eu pedi ao seu treinador para passear um pouco com ela. Ficou claro que ela precisava de muito mais trabalho em seu traseiro, mas havia um pouco mais de liberdade nele. Eu tive certeza de que se alguém fizesse *Sistemas de sequência trifásica* nela a cada dois dias, ela ganharia muito mais liberdade na área lesionada.

Animais são psíquicos

Lidar com o trauma de um acidente é ruim o suficiente para um animal, mas quando ele entra em uma situação traumática e depois tem coisas projetadas nele ou sofre maus tratos, fica preso no incidente. Os animais captam os pensamentos, sentimentos e emoções que estão ao redor deles, porque são psíquicos. Eles funcionam a partir de um lugar que não tem a ver com o intelecto; em vez disso, eles captam o que quer que pensemos neles. Eles não usam palavras para se comunicar. Eles se comunicam telepaticamente. Se você tiver uma sensação de medo em seu universo, eles a perceberão instantaneamente, ficarão com medo e agirão e reagirão de acordo.

É importante lembrar-se disso, especialmente quando você está treinando cavalos jovens. Se der a eles uma boa base e tratá-los com gentileza, eles confiarão em você e você poderá dobrá-los com consistência. "Dobrar" é um termo ruim, mas é assim que a maioria das pessoas trata os cavalos. Elas tentam dobrar seus espíritos. Mas você não precisa dobrar o espírito de um cavalo. Se estiver disposto a reconhecer que eles se comunicarão com você telepaticamente, saberá exatamente o que fazer com eles.

Sempre me lembro disso quando fazemos nossos workshops de uma semana na Costa Rica, onde eles têm uma raça maravilhosa de cavalos chamada *pasos*. Na verdade, eles são um cruzamento entre um *peruano* e um *andaluz*. Eles têm uma marcha suave e são um tipo de cavalo muito inspirador. Eles são treinados muito lentamente e tratados com muito cuidado. A maioria das pessoas nos EUA vai tirar um garanhão da baia, jogar uma sela nele e montá-lo sem nem mesmo andar com ele ou esticá-lo. Os costarriquenhos nunca fariam isso com seus *pasos*.

Os *pasos* são usados para trabalho, porque na Costa Rica eles fazem tudo do ponto de vista de que um cavalo é um animal que trabalha. Já vi pessoas na Costa Rica cavalgando por uma trilha e carregando uma motosserra de dois metros. Isso é normal para um cavalo lá. Os cavalos estão acostumados a trabalhar, e as pessoas os tratam com muita gentileza. Eles passarão seis meses trabalhando com um cavalo antes de colocar um freio em sua boca. Eles têm muito carinho com esses cavalos. É um grande exemplo para nós sobre como devemos tratar nossos animais.

Capítulo dezesseis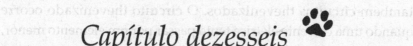

PROBLEMAS COM CIRCUITOS

Temos circuitos que transmitem informações por todo o nosso corpo. As informações do corpo vão para o cérebro e do cérebro para o corpo através de circuitos. Às vezes, em vez de ter um sistema perfeito de comunicação dentro de nosso corpo, ocorre uma falha em um circuito. É como uma falha na linha de comunicação. Quando um circuito não está funcionando corretamente, o corpo não funciona como deveria ou poderia. Quando um circuito é cortado ou interrompido, por exemplo, o impulso elétrico que transporta a informação precisa encontrar uma maneira de contornar o circuito interrompido. Às vezes, mesmo quando os nervos e os músculos estão bem, o circuito energético em uma área é interrompido ou alterado, e o corpo precisa criar um novo circuito energético antes que qualquer outra coisa possa curar.

Os circuitos podem ser fechados, cruzados, não ativados, em curto ou abertos. Circuitos abertos são como curtos-circuitos. Eles não fecham e abrem como deveriam, o que faz com que o funcionamento normal do corpo fique descontrolado. Existem também circuitos thevenizados. O circuito thevenizado ocorre quando uma corrente elétrica tenta passar por um elemento menor, que não tem capacidade de transmiti-la, ou quando uma pequena linha elétrica de repente se expande e se torna uma enorme linha elétrica. Isso às vezes ocorre de repente por um motivo que ainda não foi explicado. Circuitos thevenizados podem criar convulsões em animais e pessoas.

Traumas de todos os tipos, especialmente de operações, podem causar interrupções nos circuitos. É muito importante trabalhar nos circuitos quando um animal ou uma pessoa é operada, porque ao fazer uma incisão, eles cortam as linhas elétricas, e o corpo precisa encontrar novos caminhos de comunicação com essa parte do corpo. Se você fizer um processo prático nos circuitos, o corpo pode reconstruí-los muito rapidamente.

Um médico na Flórida que faz *facelifts* pede que os praticantes de Access façam um trabalho dinâmico durante a operação e imediatamente depois. Ele diz que as pessoas estão se curando muito rapidamente e tendo grandes sucessos. Você pode fazer um trabalho dinâmico em circuitos com qualquer pessoa que tenha sido operada e a cura pode ocorrer em dias, em vez de semanas ou meses.

Trabalhando nos circuitos de animais

Quando um animal não tem facilidade na maneira como o corpo funciona, ou seu corpo não está respondendo corretamente a uma situação, muitas vezes o problema é o circuito. Isso é especialmente verdadeiro para animais que foram feridos de alguma forma.

Quando eles não parecem ter a coordenação necessária para fazer algo, trabalhar em seus circuitos pode ser extremamente útil.

Trabalhamos com uma cadela que desenvolveu problemas de audição após ser atropelada. Pareceu-me que ela poderia ter problemas com seus circuitos. Quando perguntei se era isso, a resposta foi sim. Para resolver isso, chegamos ao ponto em que o circuito foi interrompido. Usei o seguinte enunciado aclarador: *"Todos os circuitos criando dificuldades em seus ouvidos, podemos destruir e descrever tudo isso? Certo e errado, bom e mau, POD e POC, todas as 9, curtos, garotos, POVADs e aléns."*

Cavalo *quarto de milha* com síndrome de Cushing

Em uma de nossas classes sobre animais, trabalhamos com um *quarto de milha* que sofria de síndrome de Cushing, uma condição que resulta de um mau funcionamento da glândula pituitária. Perguntei: "Há algo errado com os circuitos, que não permitem que as respostas sinápticas no cérebro funcionem corretamente na pituitária?" A resposta foi sim.

Trabalhei nos circuitos, dizendo: *"Todos os curtos-circuitos, circuitos cruzados, fechados, abertos, não ativados e thevenizados em particular que criam a síndrome de Cushing no corpo dela, podemos destruir e descrever tudo isso, por favor? Certo e errado, bom e mau, POD e POC, todas as 9, curtos, garotos, POVADs e aléns."*

Aparentemente, ela tinha muitos circuitos que não funcionavam corretamente, e esse processo criou algumas faíscas energéticas. Também corremos: *"Todos os circuitos em seu corpo que não permitem que seus sistemas hormonais funcionem corretamente, podemos destruir e descrever tudo isso? Certo e errado, bom e mau, POD e POC, todas as 9, curtos, garotos, POVADs e aléns."*

Normalmente, assim que se desfaz o problema com o circuito, o comportamento do animal começa a mudar. Isso tem funcionado de forma bastante eficaz. Cerca de 70% dos animais com os quais trabalhamos e que apresentavam epilepsia ou algum tipo de convulsão superaram esses problemas. No momento, estamos trabalhando com os circuitos de algumas pessoas que têm convulsões e esperamos que o resultado final seja que elas não tenham mais convulsões.

Capítulo dezessete 🐾

DEFEITOS GENÉTICOS

Em um de nossos workshops com animais, trabalhamos em Tula, uma *pug* cuja língua era tão longa que não cabia na boca. Na verdade, ela ficava pendurada para fora de sua boca e quase arrastava no chão. Muitas vezes, ficava com sujeira. Este é um defeito genético criado pelo cruzamento contínuo dessas espécies, a fim de fazê-las parecer fofas. No mesmo workshop, trabalhamos também em Otelo, um *pastor alemão* de doze anos que sofria de displasia no quadril. Esse é um grande problema para os *pastores alemães*. Eles foram cruzados para ter traseiros rebaixados, mas ao criar esse efeito rebaixado, seu DNA foi alterado. Criou-se então uma fraqueza genética que afeta toda a raça.

Quando está trabalhando com qualquer raça – e isso é especialmente verdadeiro para cavalos, cães e gatos que foram cruzados para criar uma qualidade específica – você pode dizer: *"Tudo o que foi feito* com a genética do DNA, RNA, LNA, a programação nucleica, outros programas conhecidos e desconhecidos, e tudo o que foi feito à genética do animal para criar os efeitos, ao longo de todo o tempo, espaço, dimensões e realidades, podemos agora destruir e descriar tudo isso? Certo e errado, bom e mau, POD e POC, todas as 9, curtos, garotos, POVADs e aléns."

Trabalhando em Tula

Para Tula, a *pug*, eu disse: "*Então, tudo que tem sido feito no DNA de todos esses animais, a fim de criar o efeito da 'aparência que eles têm', tudo que cria qualquer deficiência neles, podemos agora destruir e descriar tudo isso ao longo de toda essa linha genética? Certo e errado, bom e mau, POD e POC, todas as 9, curtos, garotos, POVADs e aléns.*"

Agora vamos pegar todos esses bichinhos fofos aqui, os cães e os gatos, e tudo o que foi feito para erradicar a consciência deles e não lhes permitir se mostrarem tão conscientes quanto realmente são em qualquer vida, qualquer tempo, espaço, dimensão ou realidade. Podemos agora destruir e descriar tudo isso? Certo e errado, bom e mau, POD e POC, todas as 9, curtos, garotos, POVADs e aléns.

Trabalhando na displasia no quadril de Otelo

A primeira coisa que fiz em Otelo foi abordar a alteração de sua linha genética. Eu disse: "*Tudo que foi feito geneticamente para alterar os pastores alemães, a fim de criar esse efeito rebaixado, criando displasia no quadril deste cão. Tudo o que foi feito em toda a linha genética para criar esse efeito e todo o DNA, RNA, LNA, programação nucleica e outros programas conhecidos e desconhecidos criando isso, podemos destruir e descriar tudo isso? Certo e errado, bom e mau, POD e POC todas as 9, curtos, garotos, POVADs e aléns.*"

Correu por um tempo, pois não estava apenas rodando em Otelo; estava trabalhando em toda a linhagem genética.

Fazendo *Dimensionalidades recíprocas* em Otelo

Então, falei o nome de uma série de processos – *Raiz quadrada de menos um, Dimensionalidades recíprocas, MTVSS* e *Memória celular* – e pedi aos participantes que sintonizassem a energia e selecionassem aquele que mais ajudaria a melhorar o traseiro e a coluna enfraquecidos de Otelo. Eles disseram: *"Dimensionalidades recíprocas"*, que é um processo que ajuda a destruir e descriar o que foi feito a um animal em sua linha genética.

Duas pessoas colocaram as mãos levemente em Otelo e começaram a fazer *Dimensionalidades recíprocas*. Otelo imediatamente se sentou e seus olhos pareciam dizer: "Ah, meu Deus, isso é bom. Apenas continue." Com as *Dimensionalidades recíprocas*, quando o que quer que esteja criando o efeito no corpo vindo de outras vidas e outras dimensões ainda está em funcionamento, muitas vezes descobrimos que o animal teve essa condição em outra vida. Descobrimos que isso é verdadeiro ao trabalhar em Otelo.

Depois de um curto período de tempo, Otelo se levantou e se moveu, e era óbvio que ele tinha mais força nos quadris do que quando começamos. Tommy, seu dono, disse: "Uau, ele está muito mais forte!" Também fizemos *MTVSS* nos quadris de Otelo e mostramos a Tommy como fazer isso, para que ele pudesse continuar trabalhando em Otelo em casa para ativar e mudar a condição.

Enquanto fazia *MTVSS* em Otelo, Tommy disse, de repente: "Vejam que interessante. Fiz artroplastia total no meu quadril há alguns anos. Otelo pode estar cuidando do meu problema!" Eu disse: *"Toda a substituição que Otelo está fazendo para remover sua dor, podemos*

93

destruir e descriar tudo o que ele assumiu por você? Certo e errado, bom e mau, POD e POC, todas as 9, curtos, garotos, POVADs e aléns."

Então, pedimos a algumas pessoas para fazerem MTVSS nos quadris de Tommy e, ao fazê-lo, notamos que Otelo parecia ainda mais relaxado e que seus quadris pareciam rechonchudos e prontos. Tommy também obteve um bom resultado. Ele disse: "Percebi que minha lombar está realmente conectada aos meus quadris", o que nos indicou que a energia que estava presa em seus quadris estava se liberando. Após uma cirurgia, podemos passar o resto de nossas vidas nos protegendo da dor que experimentamos no momento da operação. Isso bloqueia a energia em nossos corpos. Sugeri a Tommy que se ele conseguisse alguém para fazer MTVSS em sua coroa e períneo, isso faria com que seu corpo voltasse a se sentir normal, e que MTVSS na coluna ajudaria a aumentar sua flexibilidade. Também sugeri que *Memória celular* em seus quadris, costas e coluna o ajudaria a desenvolver maior flexibilidade.

Capítulo dezoito 🐾

Choque anafilático e Quadrante de laxação

Quando um músculo é sobrecarregado ou exercitado demais, ele pode ficar preso e travado no lugar. Quando isso ocorre, e o músculo não está recebendo o oxigênio de que precisa, pode entrar em choque anafilático. Isso pode acontecer com cavalos quando estão sobrecarregados. Os músculos ficam travados e trêmulos, e é necessário caminhar com eles, às vezes por horas. Eles podem realmente morrer se não caminharem. Quando eu trabalhava como cavalariço, certa vez passei sete horas andando com um cavalo até que todo o estresse saísse de seu corpo e ele pudesse relaxar.

Às vezes, os cavalos são trabalhados em uma tarefa específica repetidamente até que seus músculos criem um padrão e não consigam funcionar adequadamente. Digamos que tenham machucado levemente as costas e começaram a protegê-las. Então, em vez de rolar e galopar daquele jeito bonito que é bom, eles desenvolvem uma maneira desengonçada e desconexa de se mover que é tão desconfortável que você nem quer montá-los. Eles estão fazendo o melhor que podem, mas têm um músculo de um lado que está lesionado e cronicamente tenso. Eles mantêm o músculo contraído para protegê-lo, para que a articulação não se mova adequadamente. Isso significa que o músculo do outro lado deve estar cronicamente não contraído. Eles ficam desequilibrados; um lado está "desligado" e o outro lado está "ligado".

Os humanos têm uma resposta semelhante. Você já viu alguém com ombros incrivelmente tensos? Os músculos estão em um estado contínuo de contração e, na verdade, perdem a capacidade de relaxar. Eles ficam em estado de choque contínuo.

Você pode aliviar esses padrões desequilibrados de postura fazendo *Choque anafilático e Quadrante de laxação*. Como quiropraxista, você teria que passar semanas, meses ou anos lidando com alguém para aliviar esses padrões, mas com esses processos, pessoas e animais obtêm alívio quase imediato. *Quadrante de laxação* trata literalmente de destravar os quatro pontos que prendem o músculo em uma posição contraída. Tecnicamente falando, *Quadrante de laxação* desbloqueia os filamentos de actina e miosina que não permitem que o músculo relaxe. A execução de *Choque anafilático e quadrante de laxação* ao mesmo tempo permite que a condição desapareça.

O choque anafilático também pode resultar de julgamentos de outras pessoas ou pontos de vista impostos, especialmente com animais. Por exemplo, se as pessoas estão em um relacionamento ou situação abusiva, ou se alguém está constantemente dizendo a elas que estão erradas ou não são boas o suficiente, elas podem começar a sentir que precisam se preparar para lutar. Isso cria uma trava no corpo, em que a pessoa está sempre com uma ligeira injeção de adrenalina.

Como fazer *Choque anafilático* e *Quadrante de laxação*?

Se o corpo de um animal estiver disposto a receber esse processo, ele exige que você siga a energia e coloque as mãos onde o corpo precisa que elas estejam. Digamos que alguém seja um corredor e seus músculos das pernas estejam muito tensos. Você colocaria uma das mãos no quadril e a outra no pé, não apenas no local onde está a contração, porque a energia tem que se mover por todo o comprimento do membro a fim de se obter o resultado desejado. Se estiver trabalhando em um animal realmente grande como um cavalo, muitas vezes você precisa de duas pessoas para fazer o processo.

Para alguém que apresenta síndrome do túnel do carpo, você colocaria uma das suas mãos na parte de trás do pescoço e a outra na mão da pessoa. Vimos pessoas com lesão por esforço repetitivo, incluindo síndrome do túnel do carpo, superá-la em quarenta e cinco minutos, usando *Choque anafilático e Quadrante de laxação* e *MTVSS*. Isso não deveria ser possível, mas muitas vezes acontece com as pessoas em quem trabalhamos. Apenas diga: *Choque anafilático e Quadrante de laxação*, acompanhados do enunciado aclarador. Fique com as mãos no lugar até sentir a liberação de energia.

Os animais tornam-se mais presentes em seus próprios corpos com *Choque anafilático e Quadrante de laxação*. É como se o animal estivesse dizendo: "Ah! Isso é muito mais legal." Em uma de nossas classes, trabalhamos com uma bela égua que tendia a ficar bastante frenética. Pedimos a uma participante da classe que estava muito calma e quieta para trabalhar nela. Pedi à mulher que continuasse criando um lugar de paz na cabeça do cavalo e paz na cabeça dela, e o cavalo começou a ficar muito relaxado. Sua cabeça começou a baixar, e se um cavalo pudesse ronronar, ela estaria ronronando.

97

Trabalhando em um pônei

Fizemos *Choque anafilático e Quadrante de laxação* em um *quarto de milha* com uma fratura na pata direita que nunca cicatrizou adequadamente. O veterinário disse ao dono que o cavalo estava compensando a dor na pata dianteira direita e assim estava criando um problema na parte traseira esquerda, que ele mantinha alta o tempo todo. Esse cavalo havia trabalhado como pônei na pista. Um pônei é um cavalo calmo, tranquilo e controlado, que trabalha com *puros-sangues* no portão, para mantê-los calmos, porque os *puros-sangues* são temperamentais e às vezes se comportam mal. Os *puros-sangues* muitas vezes empurram os pôneis e isso pode ser uma grande pressão para eles. Esse cavalo pode ter tido estresse diagonal porque ele estava compensando toda a pressão que estava sendo colocada sobre ele pelos *puros-sangues*.

Quando há uma fratura que não cicatriza, a única maneira de iniciar o processo de cura é ir ao ponto de criação (POC) dos pensamentos, sentimentos e emoções imediatamente anteriores ao trauma que a causou. Essa foi a primeira coisa que fizemos com o pônei. Em seguida, removemos as projeções e expectativas que haviam sido direcionadas a ele. Pôneis têm coisas projetadas neles o tempo todo, como "velho demais" ou "feio demais".

Então, trabalhei com uma participante da classe para fazer *Choque anafilático e Quadrante de laxação* no pônei. Fiz com que ela colocasse uma mão no ombro do cavalo e a outra nas costas, logo abaixo da cernelha (o osso onde termina a crina), local em que podíamos sentir a energia presa em seu corpo. Enquanto estávamos fazendo *Choque anafilático e quadrante de laxação*, o cavalo soltou um grande suspiro e sentimos uma grande mudança em sua energia. De repente, ele ficou relaxado. Sabíamos que agora ele poderia realmente curar a fratura.

Fazendo *Raiz quadrada de menos um* no pônei

Em seguida, coloquei minhas mãos sobre ele e perguntei: "O que eu preciso fazer por você?" A resposta foi *Raiz quadrada de menos um*, que geralmente é um processo que usamos em humanos – não em cavalos. Às vezes, quando você tem *Choque anafilático e Quadrante de laxação*, pode achar que a *Raiz quadrada de menos um* também seja requerido; no entanto, isso nem sempre é o caso.

Comecei a fazer *Raiz quadrada de menos um* e muitas contrações apareceram, que é algo que ocorre quando a energia está sendo liberada. Foi como um choque elétrico se liberando. Pudemos realmente ver a coluna dele reagindo ao processo. Sua coluna tinha sido levantada acima de seus músculos, e enquanto fazíamos o processo, ela voltou a se acomodar com os músculos.

Cavalos *quarto de milha* devem ter certa conformação. Eles tendem a ser um pouco mais altos na parte traseira e um pouco mais baixos na parte dianteira, e são um pouco mais encorpados do que outros cavalos. Eles são os mesomorfos no universo do cavalo. Geralmente há uma linha reta desde a cernelha até onde a articulação do quadril se une à coluna. Este cavalo se parecia um pouco afundado nas costas, o que é incomum para um *quarto de milha*. Era minha sensação de que algum evento havia criado esse tipo de limitação conformacional para ele.

Às vezes você vê limitações conformacionais como essa nas pessoas. Elas podem ficar com um quadril deslocado e uma perna dobrada. A coluna delas pode ter mudado realmente. É algo que fizeram para compensar suas lesões. *Raiz quadrada de menos um* geralmente alivia isso – então pensei que poderia funcionar com este cavalo também.

Ao manter minhas mãos sobre ele, seu peso foi direto para as quatro patas – um sinal muito bom – e toda a sua expressão mudou. Em vez de ser desafiado na diagonal, torcendo o corpo e compensando para tirar o peso de certas áreas, ele se moveu para ficar confortavelmente em pé sobre as quatro patas.

Enquanto eu continuava correndo *Raiz quadrada de menos um*, ele se encolheu e pulou para o lado. De repente, a dor entrou em jogo. Ele provavelmente estava criando a forma curva para manter a dor longe de sua coluna. Você precisa estar alerta quando estiver fazendo esses processos, porque às vezes os animais reagem de repente. Você precisa estar preparado para se mover rapidamente, porque a dor pode voltar momentaneamente e o cavalo pode tentar chutá-lo ou fazer algo para se livrar da dor. Foi o que aconteceu com este cavalo. Havia muita energia saindo da área onde sua coluna estava solidificada. Os músculos estavam se contraindo e mudando quando sua coluna começou a se acomodar nos músculos ao redor. Suas costas começaram a parecer significativamente diferentes. Eu diria que seu afundamento ficou 50% menor e a coluna ficou significativamente mais flexível.

Esse tipo de mudança me surpreende, porque nunca sei o que vai aparecer quando começo a trabalhar em um animal. Eu não tenho um ponto de vista sobre o que deveria acontecer. Eu só faço os processos. Enquanto fazia *Raiz quadrada de menos um*, tudo o que eu estava fazendo era ligar a energia em seu corpo. A energia corria através do corpo dele e saía pelo meu. Eu era apenas um veículo ou um conduíte. A certa altura, ele começou a se afastar de mim. Isso era tudo o que ele queria. Enquanto ele se afastava, todos nós pudemos ver que ele tinha um pouco mais de movimento nas costas. Não estava tão rígido como quando se aproximou pela primeira vez.

Trabalhando com Donny

Em uma classe de animais, trabalhamos com Donny, um *warmblood holandês* que havia sido um saltador e atingiu seu nível preliminar mais alto. Ele teve várias lesões nos ligamentos e tendões em ambos os lados das patas dianteiras, e enquanto o observávamos no pasto, se ele brincasse ou desse coices, era evidente que ficava muito pesado na frente. Ele simplesmente desabava. Você quase podia sentir a terra tremer. Donny tinha acabado de sair de uma lesão que o deixou deitado por três meses. Seu dono tinha começado a montá-lo novamente, e eles estavam adestrando-o, mas Donny teve dificuldades para manter-se sadio.

Donny estava colocando um alto nível de intensidade energética no chão quando se movia, provavelmente porque alguém o montou incorretamente no início. Muitas vezes, quando as pessoas treinam um cavalo, giram demais a cabeça do cavalo para tentar fazê-lo arquear o pescoço e criar um efeito que acham elegante. Os problemas de Donny poderiam facilmente ter sido causados pela primeira pessoa que o treinou. Eu disse: *"Tudo o que o prende, tudo o que foi feito com ele quando jovem que criou esse efeito, tudo o que foi um treinamento equivocado, além de identificação e aplicação equivocadas de suas habilidades, podemos destruir e descriar tudo isso? Certo e errado, bom e mau, POD e POC, todas as 9, curtos, garotos, POVADs e aléns."*

Perguntei a Donny de qual processo ele precisava e a resposta foi *Choque anafilático e Quadrante de laxação*. Três pessoas da classe se ofereceram para corrê-los nele. Donny estava um pouco assustado, então eu posicionei as pessoas à frente dele e mostrei-lhes como ficar com as mãos espalmadas contra o corpo dele e com os cotovelos dobrados, pois se Donny avançasse, eles poderiam empurrá-lo naturalmente e não teriam seus pés pisoteados. Ao trabalhar dessa forma, se mantiver os joelhos um pouco dobrados, em vez de travados, estará pronto para se mover, se necessário. Enquanto estiver trabalhando na parte inferior das pernas do cavalo, evite ficar totalmente agachado. Certifique-se de manter apenas um dos joelhos no chão, para que você possa se mover rapidamente caso o cavalo se mexa!

Uma vez que todos estavam posicionados ao redor de Donny e começaram a fazer *Choque anafilático* e *Quadrante de laxação*, muitas contrações ocorreram, e a área bloqueada em Donny começou a ser liberada. Ele continuou a se contorcer enquanto a energia se movia através dele e se soltava, e as pessoas estavam sentindo uma sensação de formigamento em suas mãos. Depois de um tempo, Donny começou a se afastar deles – um sinal de que ele havia terminado. Em seguida, passamos a fazer *MTVSS* e *Memória celular* na parte de trás de sua perna e na parte de trás de seu metacarpo. Queríamos permitir que os ligamentos contraídos se alongassem e se movessem.

Muitos dos problemas de Donny se davam por ele não se alongar enquanto andava. Seu cavaleiro estava colocando muito peso energeticamente em sua parte dianteira. Ao montar um cavalo como Donny, não empurre sua energia para baixo; você deve elevar sua energia acima do corpo dele. Enquanto trabalhávamos em Donny, ele começou a mover todo o corpo. Sua passada se abriu, o que foi excelente, e seus ombros começaram a se mover mais livremente. Ele começou a se alongar e seu peso passou a ficar distribuído de forma mais uniforme nas quatro patas. Quando terminamos nosso trabalho, ele disse: "Estou pronto para dar uma volta".

Capítulo dezenove 🐾

MANIFESTAÇÃO DEMOLECULAR E DEMANIFESTAÇÃO MOLECULAR

Manifestação demolecular faz as coisas aparecerem

Manifestação demolecular tem a ver com criação – ou fazer as coisas aparecerem. Você fala com as moléculas e pede que elas se tornem outra coisa. Isso soa muito mágico, mas provavelmente já aconteceu com você. Você já perdeu alguma coisa? Desapareceu da sua vida e você queria que voltasse – e voltou? Você o manifestou demolecularmente de volta à existência. *Manifestação demolecular* é criação. Nós o usamos com animais ou pessoas para pedir que sua estrutura celular mude para que se torne saudável.

103

Demanifestação molecular faz as coisas desaparecerem

Quando você quer que algo desapareça ou vá embora, você o demanifesta molecularmente. Em outras palavras, você pede às moléculas que mudem sua estrutura para que se tornem outra coisa. A *Demanifestação molecular* é onde você altera a estrutura molecular de algo para que ele deixe de existir. Aplicar *Demanifestação molecular* faz com que coisas como tumores, artrite e depósitos de cálcio se desintegrem e desapareçam.

Quando a *Manifestação demolecular* é feita em animais com condições como talas ósseas ou artrite, pode haver alguns resultados surpreendentes. Fizemos a *Demanifestação molecular* em uma égua de 28 anos que estava mancando devido a uma condição chamada *ringbone*, um crescimento ósseo que ocorre na pata logo acima do casco. Esse processo elimina o excesso de osso. Com as mãos na área, você apenas diz: *"Demanifeste molecularmente, certo e errado, bom e mau, POD e POC, todas as 9, curtos, garotos, POVADs e aléns"*, e uma vez que o processo se inicie, ele continuará a correr. Você provavelmente terá que fazer a *Manifestação demolecular* várias vezes para levar o cavalo ao ponto em que o *ringbone* desapareça totalmente, mas com alguns cavalos, fazer o processo uma vez é tudo que se requer para começar a reverter uma condição, e eles ficam cada vez melhores.

Quando o veterinário diz: "Seu cavalo tem *ringbone*", todo mundo pensa: "É isso. Meu cavalo vai ficar manco para sempre." Esse tipo de projeção ou expectativa causa muitos problemas, porque cria ou solidifica a condição. Quando você está trabalhando com um animal que tem algo como um *ringbone*, você também pode querer eliminar as projeções e expectativas que foram colocadas nele antes de executar a *Manifestação demolecular*, para que o animal possa reconhecer que tem outra escolha e optar por reverter a condição.

Alguns cavalos, no entanto, assim como algumas pessoas, escolherão não superar suas condições, doenças e deficiências. Às vezes, os cavalos decidem que não querem ser montados e podem desenvolver condições como um *ringbone* para continuarem mancos. Você pode tentar perguntar ao cavalo: "Você mudaria de ideia se o cavalgássemos de uma maneira específica que seja adequada para você?" Ou: "Você seria capaz de superar sua condição se tivesse o dono que deseja?"

Muitas vezes, quando os cavalos não querem estar em algum lugar ou não querem pertencer a alguém, eles desenvolvem uma condição física para que a pessoa se livre deles. O problema é que os donos amam tanto seus cavalos que não conseguem se livrar deles. É sobre que tipo de dono eles são para seus cavalos, não sobre o cavalo ter alguma escolha.

Muitas pessoas compram um cavalo e se apegam a ele. Ele fica manco porque não quer os donos, e aí eles apenas mantêm o cavalo no pasto, esperando até que ele morra. Um cavalo deve realmente ter escolha sobre a quem quer pertencer. Em circunstâncias como essa, pode ser uma boa ideia perguntar a um cavalo: "Existe uma escolha diferente que você gostaria de fazer?" Ou você pode tentar trabalhar nisso pelo lado do dono com a seguinte pergunta: "Podemos destruir e descriar o ponto de vista do dono de que eles têm que ficar com esse cavalo para sempre?"

Fazendo *Demanifestação molecular*

Fizemos *Demanifestação molecular* em Fantasia, uma égua alfa que tinha artrite nos joelhos. Coloquei a energia da *Demanifestação molecular* nas mãos de dois participantes do workshop e pedi que a fizessem em tudo que não pertencia aos joelhos de Fantasia, assim como qualquer outra coisa em seu corpo que não pertencesse àquele local e a impedisse de ser flexível. Uma das mulheres perguntou se ela deveria pensar no calombo no joelho de Fantasia enquanto fazia o processo.

Eu disse: "Apenas mantenha a mão naquele calombo no joelho dela e peça por tudo que não deveria estar lá. Coloque sua atenção em mover tudo o que não parece bem no corpo dela." Percebi que Fantasia gostou do que ela estava fazendo e fui tentar ajudá-la.

Depois que fizemos *Demanifestação molecular*, mostrei aos participantes da classe a energia de manifestar demolecularmente uma estrutura celular saudável e generativa, e pedi que trabalhassem nos joelhos de Fantasia com as duas mãos para ajudá-la a manifestar joelhos saudáveis. A treinadora de Fantasia disse que nunca a viu ficar parada por tanto tempo. Ela disse: "Eu a criei e ela sempre foi ansiosa e controladora". Uma das grandes coisas sobre esse trabalho é que ele cria uma paz no cavalo. Fantasia, que normalmente ficava ansiosa e em guarda, parecia estar pensando: "Ah, meu Deus, eu poderia simplesmente deitar e dormir agora."

Capítulo vinte 🐾

Impressões químicas e eletromagnéticas

Impressões químicas

Descobrimos que o corpo pode ficar com impressões causadas por produtos químicos e drogas. Tomar grandes quantidades de remédios, por exemplo, pode deixar impressões no sistema com uma energia específica. Isso veio à tona por causa de nossa amiga de noventa e quatro anos, Mary. Ela estava tomando remédios para combater um problema cardíaco, mas parecia que as drogas estavam deixando-a pior em vez de melhor. Perguntei: "Que diabos é isso?", e percebi que era uma impressão química. Mary havia tomado uma overdose de um medicamento a ponto de ter o efeito oposto ao desejado em seu corpo.

Minha percepção é que talvez, ao ingerirmos muito de um produto químico, em vez de ter o efeito desejado, na verdade obtemos o oposto do resultado pretendido. Acho que era isso que estava acontecendo com Mary. O medicamento imprimiu um padrão na energia do ser e do corpo dela de tal forma que ela não conseguia mudar certos elementos, órgãos e estruturas do corpo e retorná-los à sua função adequada. Executei um processo de impressão química e tive um resultado bastante impressionante com seu corpo, então ela acabou se sentindo muito melhor, e sua aparência melhorou também.

A impressão química pode ocorrer com fumaça de cigarro, álcool, drogas de qualquer tipo e até cirurgia. Nossa comida também pode criar uma impressão em nossos corpos. Comer certos alimentos pode induzir a uma necessidade por ingerir mais deles. Os cavalos frequentemente ficam com impressões químicas de medicamentos como Bute, ou fenilbutazona, que é como aspirina para cavalos, ou com Ace[2], um tranquilizante para cavalos.

Para remover a impressão química de um animal, simplesmente pergunte: "Esse animal possui alguma impressão química?" Se sim, corra o enunciado aclarador em seguida.

Impressão eletromagnética

A impressão eletromagnética, que também chamamos de impressão magnética, ocorre quando um ser ocupa um corpo. Você, como um ser, entra em um corpo e tem uma carga elétrica que traz consigo. Quando você entra no corpo, é criado um magnetismo que solidifica a estrutura molecular do corpo. O eletromagnetismo o prende na forma corporal que você tem.

Quando outro ser também está no corpo, cria-se um conflito entre os dois sistemas eletromagnéticos. Sempre que limpar uma entidade de um corpo, sugiro que você também se livre da

---

[2] N.T.: Acepromazina.

impressão eletromagnética que ela deixou, porque atrapalha a capacidade do ser de formar uma conexão com seu corpo. Também pode criar interferência que não permite que os corpos se curem. A impressão eletromagnética pode ser eliminada dizendo: *"Toda a impressão eletromagnética criada pelo outro ser", juntamente com o enunciado aclarador.*

Capítulo vinte e um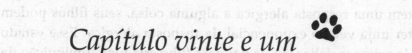

VIAS DE ANTÍGENO

Nossos corpos desenvolveram uma maneira de lidar com antígenos como vírus, bactérias e pólen, que podem causar doenças ou distúrbios no corpo. O antígeno entra no corpo e o corpo tem uma resposta imune, que também é chamada de resposta de anticorpos. O corpo desenvolve vias de antígeno, que são uma reação de estímulo-resposta ao antígeno. Na próxima vez que o elemento entrar no corpo, a resposta imune do corpo lhe permitirá lidar com o antígeno antes que ele se torne um problema.

Às vezes, porém, o corpo entra em uma via e produz continuamente anticorpos como se o antígeno estivesse lá, mesmo quando não está mais. Isso é o que acontece com alergias crônicas ou doenças de pele. Há uma resposta de histamina ou anticorpo superintensificada, criada pelas vias do antígeno no corpo. É como se eles fossem um processo fixo e não houvesse escolha para o corpo, exceto produzir a resposta de histamina como se o antígeno estivesse presente.

Quando pessoas ou animais estão no útero, e a mãe ou o pai tem uma resposta alérgica a alguma coisa, seus filhos podem ter uma versão exponencial da resposta alérgica. Esse estado de exponencialização de pai para filho cria uma diminuição da imunidade geral da criança. Isso torna a prole mais vulnerável às mudanças que acontecem ao seu redor, tornando-a menos capaz de lidar com as "dificuldades do ambiente". Se o pai tem uma resposta alérgica a alguma coisa, o corpo da criança começa a sentir que também tem. A condição ou sensibilidade ao antígeno é "doada" de pai para filho, porque a criança, no útero, não diferencia entre mãe ou pai e si mesma. A criança não vê diferenciação entre o mundo de seus pais e seu mundo. Ela vem pensando que tudo que seus pais têm, ela tem, e tudo que seus pais são, ela é. O resultado final é que um ser não vê que há uma diferença entre seus pais e ele mesmo até os dois anos, quando começa a dizer: "Espere aí, não sou essas pessoas."

Dain e eu encontramos uma criança cuja mãe teve uma reação alérgica a queijo, e o garoto tinha uma versão exponencializada disso, o que significava que se ele chegasse perto do queijo, ficava num estado deplorável. A criança não era realmente alérgica a queijo, mas uma via de antígeno havia sido criada. A reação alérgica foi uma resposta que o corpo da criança aprendeu com a mãe. Uma vez que fizemos as vias de antígeno, aquilo que era considerado alergia desapareceu.

Esse processo de exponencialização, na verdade, degrada o que é possível para a espécie. Dain e eu vemos isso o tempo todo. As toxinas em nosso ambiente estão aumentando e, por causa das vias de antígenos, as pessoas têm uma capacidade reduzida de conviver com essas toxinas e superá-las. Elas sucumbem cada vez mais ao efeito das toxinas, o que leva a uma morte cada vez mais precoce, sistemas que apresentam deficiências ou diminuição do estado de saúde e funcionamento do sistema imunológico.

Como fazer vias de antígeno?

O enunciado aclarador para vias de antígeno é: *"Então, para todas as vias de antígeno e as falsas realidades impressas exponencializadas com base nisso, vamos destruir e descriar tudo? Certo e errado, bom e mau, POD e POC, todas as 9, curtos, garotos, POVADs e aléns."*

Se a condição não desaparecer imediatamente, há um aspecto que pode ser acrescentado ao processo, que é: *"Então, tudo que permite que isso aconteça e todos os íons negativos, positivos e radicais livres que permitem que isso ocorra (porque são eles que causam isso), você vai destruir e descriar tudo isso? Certo e errado, bom e mau, POD e POC, todas as 9, curtos, garotos, POVADs e aléns."*

Capítulo vinte e dois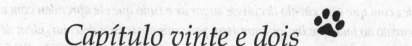

AEROFAGIA

Anteriormente, falei sobre Carlos, um cavalo que tinha um mau hábito chamado tecelagem[3]. Outro mau hábito que cavalos adquirem é a aerofagia[4]. Ambos os comportamentos geralmente iniciam quando cavalos ficam em estábulos. O cavalo sugador de vento usa seus dentes superiores para agarrar um objeto fixo, como a madeira da cerca, e então arqueia seu pescoço e puxa-o para trás, ao mesmo tempo em que puxa o ar. Esse comportamento libera endorfina no cérebro dos cavalos, e eles ficam "doidões" fazendo isso. Quanto mais força ele coloca na mandíbula, mais endorfina é liberada. Quando um cavalo é aerófago, ele suga o ar entre os dentes e o engole. Essa ação incha o estômago do animal e ele se sente satisfeito. Assim, ele para de comer e não consegue ingerir nutrientes suficientes e manter o peso.

---

[3] N.T.: Conhecida como tecelagem ou dança do urso.

[4] N.T.: A aerofagia em equinos também é conhecida como sugar vento ou *cribbing*.

Curiosamente, alguns cavalos parecem aprender a aerofagia ao observar outro animal fazendo isso. Uma vez que um cavalo começa a sugar ar, ele pode se tornar viciado nesse comportamento. Para destruir e descriar esse hábito, você pode dizer: *"Então, tudo que fez com que esse cavalo decidisse sugar ar e tudo que ele aprendeu com o cavalo ao lado que lhe ensinou isso, podemos destruir e descriar, além de devolver tudo para o remetente? Certo e errado, bom e mau, POD e POC, todas as 9, curtos, garotos, POVADs e aléns".*

A aerofagia também pode ser como uma impressão química; nesse caso, você pode dizer: *"Então, todas as impressões químicas causadas pela aerofagia, podemos destruir e descriar tudo, por favor? Certo e errado, bom e mau, POD e POC, todas as 9, curtos, garotos, POVADs e aléns."*

Algumas pessoas dizem que os cavalos fazem aerofagia para se divertirem quando estão entediados. Outras pensam que é uma resposta ao estresse. Algumas dizem que é uma forma de comportamento obsessivo-compulsivo, talvez desencadeado pela domesticação. Outras dizem que é resultado da necessidade e desejo do cavalo de mordiscar. O interessante é que cavalos em estado selvagem não sugam ar. Eu diria que 90% dos cavalos que sugam ar fazem isso porque estão trancados em um estábulo e não têm noção de espaço.

Se fôssemos inteligentes o suficiente para permitir que os animais ficassem no local a que pertencem, que é ao ar livre, a aerofagia não aconteceria. Entretanto, nós os colocamos em estábulos. Queremos protegê-los das intempéries, porque achamos que eles não sabem cuidar de si mesmos. Eles estão trancados e confinados, e gostam de mastigar. Dormem apenas três horas por dia. O que eles vão fazer no resto do tempo? Tudo o que precisam fazer é morder algo e puxar para trás uma vez. E dizem: *"Bem, isso foi muito bom"*. Então, eles fazem isso cada vez mais e logo adquirem um hábito. Ficam viciados. *"Ei, amigos, vocês estão entediados? Experimentem isso."*

Sempre me divirto quando as pessoas constroem abrigos para seus cavalos. Constroem belos abrigos para seus cavalos, e eles vão ficar na chuva. Por quê? Porque eles são feitos para isso. As únicas proteções que um cavalo tem durante a chuva são sua consciência e seus olhos. Eles gostam de estar em um espaço agradável e fechado? Não. Já vi mais cavalos "ruins" se tornarem bons depois de serem autorizados a ficar ao ar livre do que você pode imaginar.

Uma senhora no Texas tinha um cavalo árabe de exposição que havia sido aposentado. Ele era mantido em uma baia e ficava abatido e doente. Tinha um problema atrás do outro. Nós finalmente conseguimos convencê-la a colocá-lo para fora durante o dia, para que ele pudesse ficar com outros cavalos. Depois disso, nós a convencemos a deixá-lo ficar fora durante a noite também. Esse cavalo está feliz agora. Ele parou de ficar abatido ou doente com frequência. Os cavalos são animais de rebanho. Gostam de estar com outros cavalos. Isso é normal para eles.

Algumas pessoas pensam que os cavalos precisam de algum tipo de abrigo para que possam sair do sol, mas muitos preferem o espaço aberto a estar sob as árvores. Estar debaixo de uma árvore soa bem para nós porque é sombreado; mas para eles significa que algo pode cair em cima deles. Eles gostam de se destacar no meio de um grande campo aberto. Do ponto de vista deles, estar ao sol é muito melhor do que qualquer outro lugar. Eu costumava pensar que eles gostariam de sombra e árvores também, então tentava criar uma maneira de eles terem isso, mas eu estava errado. Eles tendem a preferir o espaço aberto.

Capítulo vinte e três

A ZONA

A zona é um lugar na cabeça de cada animal onde existe paz. A paz é um estado natural para os animais. Quando encontra a zona do animal com o qual está trabalhando, você cria ou explora um lugar de paz para seu cavalo, cachorro ou gato, porque isso é natural para eles. Uma conhecida nossa, que encontra a zona de seus cavalos, disse que é como se ela e o cavalo se conectassem em unidade. Essa é uma ótima maneira de descrever. Quando encontra a zona, cria-se uma conexão entre você e o animal. O cavalo, o cachorro ou o gato fica presente com você.

Pense na zona em termos de espaço

Dain diz que pensar sobre a zona em termos de espaço o ajuda. Nós tendemos a andar com muito pouca consciência do espaço ao nosso redor. Às vezes, nosso espaço é do tamanho do nosso cérebro.

Quando trabalhamos com animais, precisamos ajustar nosso espaço à quantidade de espaço com o qual o animal se sente confortável. Todos os animais têm um senso de consciência do espaço e têm um nível em que se sentem confortáveis e seguros. Você já teve um cachorro ou gato que gostava de ficar em casa o tempo todo e odiava sair? A única área que estava disposto a ocupar era a casa inteira. Não estava disposto a ocupar o espaço exterior. Outros animais requerem um espaço muito maior. Já tive gatos que só queriam estar ao ar livre. Eles olhavam para o céu e ao redor deles e verificavam tudo. Quando está com um animal assim, você tem que ter o mesmo tipo de consciência que ele tem para que ele esteja em comunhão e conexão com você.

Tenho um garanhão no Texas e, para montá-lo, meu espaço tem que ser de aproximadamente 30 quilômetros em todas as direções. Um garanhão pensa que seu trabalho é proteger o rebanho. Se você vai montar um garanhão, deve ocupar a mesma quantidade de espaço que ele precisa ocupar para que se sinta seguro. Se tento fechar o espaço quando estou montando meu garanhão, ele fica frenético. Sente que está sendo confinado. Entretanto, se eu estender minha consciência o suficiente, posso montá-lo junto com uma manada de outros cavalos e ele caminha como um castrado, porque consigo perceber tudo o que ele consegue perceber. Ele se sente seguro.

Quando você monta um cavalo na zona, descobre um lugar no cavalo onde tudo é plano e tranquilo. Você saberá quando o cavalo vai se comportar mal antes que ele aja, porque você sentirá a estática em sua cabeça e poderá expandir sua consciência para a zona. No processo de expandir a sua consciência e a dele, você acalma o cavalo e elimina a explosão ou o problema. Tudo fica calmo, tranquilo e controlado quando você está na zona.

Quando está com seu cavalo ou cachorro, as coisas são como são. Se fizer isso a vida inteira, terá uma realidade mais expandida. Você será como os elefantes que sabiam que o tsunami estava chegando.

Não irá à praia com os humanos; você vai correr para as colinas com os elefantes. Essa é a oportunidade. Se tiver essa consciência, saberá quando um terremoto vai acontecer. Você saberá quando precisa sair da cidade.

O que acontece quando não estamos na zona?

Quando não estamos na zona, projetamos pensamentos, sentimentos e emoções nos animais. Eles recebem nossas projeções e sentem que essas coisas estão acontecendo no universo deles. Se você tem o ponto de vista de que algo vai dar errado, por exemplo, o cavalo vai pensar: "O que há de errado? Perdi alguma informação?" – e vai ficar com medo. Todos os animais farão isso. Eles procuram a zona em que tudo tem paz; procuram comunhão, conexão e conhecimento. As pessoas têm a mesma zona que os animais, mas nós a bloqueamos e a erradicamos. Esse é um dos benefícios de trabalhar com cavalos e outros animais. Nós começamos a ficar na zona com eles.

Criando uma sensação de paz com cachorros

Fizemos uma classe com cães na casa da nossa amiga Suzy com 17 cães. Entrei e estava um caos. Os cachorros faziam xixi nos sofás, latindo, rosnando e andando por toda parte. Eu pensei: "Ok, já deu! Está na hora de acabar com isso." Comecei a criar uma sensação de paz e, em dois ou três minutos, todos os cães se acalmaram. Eles disseram, "Ok", e todos se deitaram em seus respectivos cantos.

Perguntei: "Em quem vamos trabalhar primeiro?", e uma cachorra chamada Emba se levantou e veio até mim. Trabalhei em Emba, e então eu disse: "Ok, Emba, acabamos", e ela foi se deitar. Então perguntei: "Quem é o próximo?" – e outro cachorro veio. Os animais se ajustaram e escolheram quando era a hora de vir à frente e receber atendimento.

121

Havia um cachorro que estava deitado no canto de uma sala, um pouco mais distante, e em algum momento da tarde, esse cachorro se levantou e passou por todos os cachorros sentados na minha frente como se dissesse: "Ok, agora é a minha vez." Foi impressionante de se ver. Quando você cria essa sensação de paz onde quer que esteja, tudo muda na área.

As pessoas me perguntam se estar na zona é como meditação. A dificuldade com a meditação é que a maioria das pessoas só consegue fazê-la com os olhos fechados. No entanto, se aprender a encontrar a zona, você a terá todos os dias, o dia todo, com os olhos abertos enquanto caminha pela rua.

A única desvantagem de estar na zona é que você tenderá a assustar as pessoas, porque ninguém sentirá que você está chegando. Você vai aparecer em algum lugar e elas vão perguntar: "De onde você veio?" Você está criando a zona e a maioria das pessoas não sabe o que é a zona, então elas não veem você. É como se você não existisse para elas, porque não está criando a energia frenética em seu universo, que é o que as chama. No entanto, você pode levá-las para a zona consigo se realmente quiser.

Cavalos gostam de estar conectados à Terra

Outro aspecto de criar a zona com cavalos é reconhecer que eles gostam de estar conectados ao solo. Eles acham isso tremendamente calmante. Quando você conecta um cavalo à Terra, quase pode garantir que ele nunca se assustará. Já andei em muitos cavalos que eram supostamente assustadores ou fugitivos, e eles nunca fizeram nada disso enquanto eu estava montado neles. Eu encontrava a zona e eles começavam a ficar calmos, tranquilos e controlados. Eles começavam a relaxar e usar seus músculos da maneira que é apropriada para eles, em vez de ficarem rígidos e prevenidos contra as possibilidades.

Você pode trazer a energia da conexão com a Terra com qualquer animal. Para conectar um cavalo com a Terra enquanto você o monta, puxe a energia da Terra para cima através do corpo do cavalo, através de seu corpo e para fora pelo topo da sua cabeça. Tudo que você tem a fazer é puxar energia. Não requer esforço ou trabalho. Não é difícil. Basta puxar energia. Isso aterra o cavalo. Ele se torna presente. Não vai se assustar. Não vai fazer loucuras. Não terá problemas.

Quando você encontra a zona e ancora seu animal, cria uma maior consciência da unidade e da conexão que somos com todas as coisas. Quando se dá conta disso, cria uma conexão ainda maior entre você e o animal. Uma comunhão ocorre. Você pode então ficar presente para o que quer que aconteça. O cavalo, o cachorro ou o gato fica com você. Ele fica muito mais conectado a você.

Encontrando a zona com Diva

Trabalhamos com Diva em uma de nossas classes para animais, uma cadela avermelhada de pelo curto que lembrava uma *rhodesian ridgeback*. Diva foi encontrada ainda filhote na natureza e, mesmo depois de viver com pessoas por anos, ela ainda era muito tímida. Seu dono disse que achava que Diva poderia ser a primeira geração de um *dingo norte-americano* domesticado. Ela não confiava nas pessoas e não ia até elas. Seu dono disse que se um estranho se aproximasse dela, Diva começava a tremer.

Executamos vários processos em Diva e, após cada um deles, ela ficou um pouco mais relaxada, mas curiosamente, nenhum dos processos criou o resultado espetacular que estávamos acostumados a ver.

Ela não relaxou de verdade até que eu pedi ao seu dono para encontrar a zona na cabeça de Diva onde havia uma sensação de

123

paz. Pedi-lhe para sentir quão longe a zona alcançava em todas as direções e para expandir sua consciência para todas as coisas que seu cão estava ciente. Ela estava alerta para os cheiros, as visões, sons e energias em todas as direções, e estava prestando atenção em tudo por quilômetros ao redor.

Cães domesticados aprenderam a se alinhar a um espaço limitado. Cães que vêm de um ambiente mais selvagem estão mais próximos de lobos, coiotes e hienas e tendem a funcionar em uma área muito maior. Uma das pessoas deste workshop contou sobre seus dois cachorros, que eram metade lobo. Quando seus cachorros-lobos eram jovens, ela recebeu um telefonema de uma casa a 160 quilômetros de distância e teve que ir buscá-los. Não era nada para eles viajar 160 quilômetros em um dia. Eles apenas corriam e corriam. Isso era divertido para eles. Com cães como esses, você precisa encontrar o espaço em que eles funcionam para que possam começar a ter uma sensação de calma. Quando você não cria o espaço, o universo deles se contrai. Eles ficam ansiosos. Perguntam: "E aí? O que eu não captei?" Eles não entendem por que você não tem o mesmo tipo de espaço que eles têm, e isso faz com que eles sintam que algo está errado.

Trabalhamos com o dono de Diva até que ele teve a ideia de expandir para o espaço do cachorro, em vez de tentar contrair o cachorro em seu espaço. Diva ficou muito mais calma quase imediatamente, e uma suavidade que não existia antes surgiu em seus olhos. Em vez de se encolher em torno das pessoas da classe, de repente, ela parecia curiosa sobre elas.

Um animal que cresceu tendo o espaço como ponto de vista se sente confinado pela contração que criamos com nossa falta de consciência. Cães como Diva podem nos ensinar como ter mais espaço em nossa realidade. Você precisa estar no espaço do cachorro e expandir até onde o cachorro precisa ir para alcançar essa zona de quietude.

Quando o dono de Diva conseguiu fazer isso, havia nela uma característica muito menos frenética que todos podiam ver e sentir. O proprietário disse que estar naquele espaço fez com que ele se sentisse mais calmo também. Quanto mais criarmos a zona, nossos animais tendem a ficar mais calmos. Depois que seu dono entrou em sua zona, Diva realmente veio até mim quando eu a chamei. É importante não exigir muito de um cão como esse. Peça um pouco e quando o cachorro der, peça um pouco mais e ele dará um pouco mais. Você deve fazer isso um pouco por vez, para deixar o cão relaxado por estar naquele espaço. Em vez de tentar fazer com que esse cão seja amigável com as pessoas, aceite o que ele der como amizade, agradeça, recompense-o por isso e reconheça seu espaço e sua zona continuamente. Quanto mais você fizer isso, mais amigável e tranquilo o cão ficará.

Um cão como Diva ficará mais confortável em uma casa com um quintal grande. Ele tem que perceber um grande espaço ao seu redor. Não consegue funcionar quando está confinado em uma pequena área. O cão tem que possuir toda a área por pelo menos um quilômetro e meio em todas as direções. Se você trabalhar nisso a partir dessa perspectiva, chegará ao ponto em que poderá se sentar e relaxar. Apenas mantenha a zona em sua própria cabeça quando estiver com ele e ficará cada vez mais fácil estar com ele.

Podemos ficar na zona o tempo todo

Eu tenho falado sobre ficar na zona em relação aos animais, mas é assim que podemos funcionar o tempo todo. Nós temos a tendência de contrair nossas vidas em um espaço pequeno, como se isso fosse realmente tudo com o que tivéssemos que nos preocupar. Quando fazemos isso, criamos nosso espaço de preocupação. Mas e o nosso espaço de consciência? Se funcionássemos com uma perspectiva expansiva – um espaço de conscientização – evitaríamos engarrafamentos. Não teríamos problemas. Teríamos a tendência de pegar o caminho "errado" e evitar todo o trauma e drama de um acidente. Repararíamos que estamos mais expansivos. É definitivamente o lugar a partir do qual queremos funcionar.

Quando as pessoas dizem: "Tenha cuidado", isso cria expansão ou contração? Contração. Quando você diz: "Fique consciente", o que isso cria? Conscientização. Recentemente, alguém me disse que estava dirigindo com a filha quando um homem avançou o sinal vermelho na frente dela. Ela parou na frente dele, antes que ele pudesse atingi-la. A filha dela disse: "Mãe, nem vi esse carro. Não acredito que você parou a tempo." Esse é o tipo de coisa que acontece quando você funciona a partir da consciência. Você saberá quando parar. Outra pessoa nos disse que, enquanto dirigia, o pneu do carro à frente estourou. Pedaços de pneu voaram para todos os lados e ela conseguiu escapar de todos eles. A pessoa que estava com ela disse: "Boa direção defensiva". A resposta dela foi: "Sério?" Não foi direção defensiva. Foi uma direção consciente. Tudo o que fazemos deve ser a partir de um nível expandido de consciência. Se vivermos a partir desse tipo de consciência, criamos diferentes possibilidades para nós mesmos, porque nossa vida será sobre expansão – não contração.

Isso é algo que os animais podem nos ensinar. Eles podem nos ensinar como ter uma realidade mais expansiva, não menos expansiva. Eles nos darão isso se ouvirmos. Eles nos darão isso se estivermos dispostos a ficar conscientes.

Capítulo vinte e quarto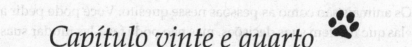

CAVALGANDO NA ZONA

Em uma de nossas classes, trabalhamos com Fantasia, uma mistura de *hanoveriano* e *puro-sangue* de 16 anos. Fantasia era uma fêmea alfa; ela estava no comando de todos os outros cavalos. Ela tinha a tendência de se comportar mal e responder aos eventos com muita força, além de controlar as pessoas e agir como louca. Quando a treinadora trouxe Fantasia à frente na classe, avisou a todos para se moverem devagar e silenciosamente e não fazer grandes movimentos porque Fantasia poderia surtar.

Pedindo a Fantasia para mudar suas decisões

Percebi que Fantasia tinha tomado algumas decisões sobre as pessoas, e elas não eram boas. Perguntei a ela: "Você estaria disposta a destruir e descriar todas essas decisões que tomou sobre as pessoas? Sim ou não? Qual é a resposta?" Foi não.

Então perguntei: "Você consideraria a possibilidade de não ter que controlar as pessoas agindo como louca?" Ela topou essa. Eu disse: *"Então, tudo o que isso é, destrua e descrie, por favor? Certo e errado, bom e mau, POD e POC, todas as 9, curtos, garotos, POVADs e aléns."* Os animais são como as pessoas nesse quesito. Você pode pedir a elas que mudem suas decisões, mas não pode fazê-las mudar suas decisões.

Montando Fantasia

Após fazermos alguns processos em Fantasia para ajudar com seus problemas físicos, demos um descanso a ela e a levamos para o cercado. Eu queria instruir Vivi, uma das participantes da classe, sobre como montá-la. Pedi a todos da classe que encontrassem a zona de Fantasia, o lugar na cabeça dela onde existia paz, e percebessem até onde ela precisava manter sua atenção para se sentir em paz. Eu podia sentir a zona dela até a borda das montanhas, de 10 a 15 quilômetros de distância. A atenção dela foi até lá. Ela era um cavalo que não deveria estar confinado. Quando as pessoas montam um cavalo assim em um cercado, precisam ter um alto nível de consciência do espaço, ou o cavalo ficará cada vez mais tenso. O cavaleiro tem que encontrar o lugar onde existe paz para o cavalo, que é a expansividade, e montar a partir desse espaço. Você sabe que encontrou a zona quando você e o cavalo têm uma sensação de paz.

Uma amiga minha me disse que aprender a montar na zona a tornou dez vezes mais corajosa como amazona, e deixou seus cavalos calmos, relaxados, controlados e incríveis de serem montados. Ela disse que seus cavalos pararam de se assustar, porque podem sentir a paz no universo dela e a paz no próprio universo, e então ficam assim. Ela pode sentir quando eles começam a se distrair e ela estende a zona para acalmá-los.

Vivi estava montando Fantasia e a primeira coisa que pedi a ela para fazer foi puxar energia do chão, para cima, saindo pelo topo de sua cabeça. Quando puxamos a energia do solo, ela acalma o cavalo, porque ele sente sua conexão com a Terra e conosco de maneira equilibrada. Os cavalos sabem como se conectar à Terra, mas não sabem como se conectar a nós, a menos que criemos essa conexão. Vivi fez isso, e pudemos ver Fantasia relaxar imediatamente. Então, pedi à Vivi para aumentar um pouco mais a energia, para tirar o estresse da parte dianteira de Fantasia, e Fantasia começou a ficar ainda mais leve. Você pode montar qualquer cavalo como esse e ficará surpreso com a maneira como o cavalo responde.

Vivi deu a volta no cercado com ela e, depois de alguns momentos, notei que Fantasia havia colocado o peso em suas patas dianteiras novamente. Quando um cavalo faz isso, você deve estender a zona – ou o alcance que você sente na cabeça dele. Vivi fez isso, e Fantasia relaxou novamente. Se Vivi voltasse sua atenção para uma área menor, Fantasia começava a ficar ansiosa, mas assim que Vivi voltava para a zona de Fantasia, Fantasia ficava calma novamente.

Instruí Vivi a continuar puxando energia do chão, ao mesmo tempo que estendia a zona. Pudemos ver quanto ficava mais fácil para Fantasia. Ao montar um cavalo, quanto mais você estende o alcance, puxa a energia para cima e coloca sua própria energia em seus ombros, mais seu cavalo será capaz de dar passos largos e ser leve no universo dele. De repente, Fantasia não estava sendo montada por Vivi; ela estava trabalhando com Vivi. Essa é uma maneira completamente diferente de andar a cavalo.

Cavalos respondem aos nossos pensamentos

Enquanto Vivi e Fantasia davam a volta no cercado, pedi a Vivi que começasse a galopar – e que fizesse isso simplesmente estendendo sua energia e sua consciência do espaço. No começo, Vivi tentou montar Fantasia com as pernas, mas eu a encorajei a montá-la pelo pensamento. Eu disse: "Pense com Fantasia. Sinta-a." Vivi estendeu sua zona de influência e não tentou prendê-la. Em vez disso, ela cavalgou a partir da zona e foi lindo. Fantasia ainda era a égua alfa. Sentia que estava confortavelmente no controle de tudo porque Vivi ampliou sua própria zona de influência. Ela estava tão à vontade que você poderia pensar que era um cavalo manso, adestrado. Vivi não estava acreditando que conseguia fazer Fantasia galopar simplesmente estendendo sua energia e sua consciência do espaço. Ela disse: "Isso é fantástico! Eu amo tanto cavalos. Isso está mudando minha vida!"

A partir daí, instruí Vivi para pensar exatamente o que ela queria que Fantasia fizesse. Eu disse: "Apenas pense nisso com ela. Não dê a ela nenhuma pista física. Dê a ela fotos do que você quer como ritmo e como quer que ela seja isso facilmente." Isso é o que eu faço com meus cavalos. Eu os ensino a ir totalmente a partir dos meus pensamentos, sem dar pistas.

Reconheça que quando pensa em "trote" para um cavalo, ele vai trotar. Se você acha que vai explodir, ele vai. Ele fará o que você pedir. Quando espera que ele se comporte mal, adivinhe o que ele vai fazer? Os animais são incrivelmente conscientes. Eles farão tudo o que puderem para nos ensinar a coisa certa a fazer.

No final do nosso treinamento, Vivi descobriu uma maneira totalmente nova de montar e tinha lágrimas de surpresa e gratidão nos olhos. Você descobrirá que também pode fazer isso com todos os cavalos que montar.

Capítulo vinte e cinco

VOCÊ NÃO PODE TER ALGO FIXO EM MENTE

Há um ponto importante a ser dito sobre o trabalho com animais. Se você tiver algo fixo em mente, não obterá um resultado. O que significa ter um desfecho em mente? Se sente que deve obter um resultado com o trabalho que faz – ou que deve ajudar o animal – você está comprometido com o resultado.

Playboy, o cavalo *puro-sangue* que agora é do Dain, se machucou um tempo atrás. Ele pulou em uma grande pilha de detritos e estirou um ligamento suspensório. Pedi ao veterinário que desse uma olhada nele.

O veterinário disse: "Esse cavalo vai ficar de repouso por cerca de três meses."

Eu tinha algo fixo em mente, então disse: "Três meses?"

Ele disse: "Bem, talvez um pouco menos, mas provavelmente por três meses."

Playboy é um cavalo que corre praticamente sem parar, e o veterinário estava falando em mantê-lo em um curral de três metros quadrados, sem deixá-lo sair por três meses. Você tem que entender que essa é a criatura mais energética do mundo. Você não pode imaginar como seria soltá-lo depois de três meses preso. Ah, não mesmo.

Tentei fazer *MTVSS* no ligamento suspensório, mas Playboy não me permitia. Então, chamei uma amiga minha que não gosta de cavalos e disse: "Você faria isso por mim?"

Ela perguntou: "Tenho mesmo que fazer isso?"

Eu disse: "Por favor, eu lhe pagarei por isso. Tenho algo fixo em mente e não estou obtendo um resultado."

Ela veio fazer *MTVSS* e *Memória celular* no ligamento suspensório. O veterinário veio dois dias depois com o equipamento de ultrassom e disse: "Uau, isso é esquisito. Não estou achando nada aqui."

Tudo que ele conseguiu encontrar foi uma pequenina cicatriz, com cerca de 1,5 cm de comprimento, com a espessura de um fio de cabelo.

Ele disse: "Eu estava certo de que Playboy ficaria de repouso por um longo tempo. Acho que ele ficará bem dentro de uma semana. Você pode soltá-lo depois de uma semana."

Perguntei: "E o que faço com o fato de que ele vai correr como um louco?"

Ele disse: "Bom, dê um pouco de Ace a ele."

Ace é um tranquilizante para cavalos. Após uma semana, dei a Playboy uma quantidade suficiente de Ace para nocauteá-lo e o soltei em um cercado com 30 centímetros de lama. Ele correu por 45 minutos e não se machucou. Você consegue resultados incríveis com esses processos. Lesões como a do ligamento suspensório podem ser revertidas. Entretanto, você não pode ter algo fixo em mente.

Capítulo vinte e seis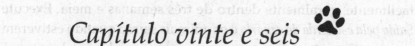

SAÍDA PELA ESQUERDA DO CENÁRIO

Saída pela esquerda do cenário é um processo que pode ser usado para ajudar qualquer pessoa com uma condição terminal. É para pessoas ou animais que estão velhos e se preparando para deixar seus corpos. Ao trabalhar com pessoas e animais que estão perto da morte, tendemos a supor que seria útil desconectá-los de seus corpos. Na verdade, isso funciona de outra maneira. Os lugares em que estamos desconectados de nosso corpo nos mantêm presos neles. Não temos controle sobre essas áreas e, consequentemente, não podemos desligar nosso corpo de acordo com a nossa vontade. Na verdade, temos que nos conectar ao nosso corpo para que possamos nos afastar dele.

Saída pela esquerda do cenário dá aos seres a oportunidade de escolher se desejam ou não morrer. Dá a uma pessoa ou animal a escolha de sarar o corpo ou se desapegar dele. Esse processo lhes dá uma chance – se quiserem – de saírem por vontade própria, suave e facilmente, geralmente dentro de três semanas e meia. Execute *Saída pela esquerda do cenário* e os animais sairão quando estiverem prontos. Eles vão deixar seus corpos, sair, ir embora, tchau corpo morto, *adiós*. Entre na fila de novo.

O animal tem escolha

É importante lembrar que o animal tem escolha. Ele pode escolher ficar bem ou não. Houve uma senhora que me ligou recentemente e disse: "Meu gato ficou cego, está tendo convulsões, a vida dele não está funcionando e eu não sei o que fazer com ele."

Só quero que ele fique bem. O que preciso fazer?"

Eu disse: "Querida, você quer que ele fique bem. Você perguntou se ele quer ficar?"

Ela disse: "Sim, perguntei se ele quer ficar e ele disse que quer."

Perguntei: "Ele piorou ou melhorou desde então?"

Ela respondeu: "Piorou."

Eu disse: "Não acho que você obteve a resposta correta, não é? Talvez fosse melhor perguntar novamente."

O que geralmente acontece é que os donos não querem que os animais partam, e isso pode dificultar as coisas para o animal morrer em paz quando esse é o desejo dele.

A velha égua preta

Em uma de nossas classes de animais, trabalhamos com uma égua preta, velha e magra, que estava tão fraca que mal conseguia comer. Perguntamos a ela o que poderíamos fazer por ela, e ela disse que não queria nada além da capacidade de deixar seu corpo.

Fizemos *Saída pela esquerda do cenário* com ela e descobrimos que sua dona estava apegada a ela. A mulher não queria que sua égua morresse. Ela não conseguia soltar, e isso estava dificultando a saída do cavalo de seu corpo. Fizemos dois processos para remover as projeções e expectativas que a dona havia colocado no cavalo, e pudemos sentir o alívio dela ao executá-los.

Perguntamos ao cavalo: *"Todas as projeções, expectativas, separações, julgamentos e rejeições colocados em você por sua dona, que você deve viver para sempre, que ela quer que você esteja aqui para sempre para ela, você vai destruir e descriar todas essas decisões, julgamentos e compromissos? Certo e errado, bom e mau, POD e POC, todas as 9, curtos, garotos, POVADs e aléns."*

"Tudo o que a dona dela está colocando sobre ela energeticamente para mantê-la aqui, tudo o que ela está fazendo para mantê-la no lugar, destrua e descrie tudo isso na dona, por favor. Certo e errado, bom e mau, POD e POC, todas as 9, curtos, garotos, POVADs e aléns."

Como fazer *Saída pela esquerda do cenário*?

Em seguida, fizemos *Saída pela esquerda do cenário*, que é feito dizendo: *"Todos os sistemas de saída pela esquerda do cenário que permitirão que ela cure seu corpo ou deixe-o, podemos destruir e descriar tudo o que não permite que isso aconteça? Certo e errado, bom e mau, POD e POC, todas as 9, curtos, garotos, POVADs e aléns."*

Então, tudo o que não permite que você reconheça que pode deitar e dormir amanhã, você vai destruir e descriar tudo isso, por favor? Certo e errado, bom e mau, POD e POC, todas as 9, curtos, garotos, POVADs e aléns.

Eu pedi a todas as pessoas que estavam lá na classe para criarem uma redoma de energia ao redor do cavalo, para manter todo mundo fora de seu universo, para que ela não tivesse que fazer nada do ponto de vista de outra pessoa e pudesse sair de seu corpo quando ela quisesse.

De maneira geral, um cavalo vai seguindo, seguindo, seguindo, e cai morto. Ele nunca pensa que é velho. Ele apenas sabe que é um potro, depois um cavalo, e essa é a soma total do ponto de vista deles. Eu disse a essa égua que ela poderia partir a hora que quisesse, e ela tinha o direito de morrer com paz, facilidade e beleza total.

Agradeci e lhe disse que ela tinha sido um grande cavalo nesta vida. Eu disse: "Vá buscar um novo corpo e volte como outro grande cavalo. Você pode ser ainda mais grandioso da próxima vez, se quiser. Você não precisa voltar para o mesmo proprietário. Encontre alguém novo para você. Encontre alguém que irá apreciá-lo pelo grande ser que você é."

Fazendo *Saída pela esquerda* do cenário após a remoção de uma entidade

Quando uma entidade habita o corpo de outra pessoa ou animal, os pensamentos da entidade afetam o corpo da pessoa ou animal em que está. Especialmente nos casos em que uma entidade humana habitou o corpo de um animal. A entidade pode estar pensando: "Como diabos eu saio daqui?" – o que pode ser muito confuso para o animal. Em uma de nossas classes de animais, trabalhamos com uma égua doce e mais velha chamada Katie. Perguntei se havia alguma entidade ligada a ela e a resposta foi sim.

Descobriu-se que era uma entidade humana que ficou presa no corpo de Katie. Depois que removemos a entidade de Katie, fizemos *Saída pela esquerda do cenário* para ajudá-la a se desconectar da sensação de ser empurrada para fora de seu corpo pela entidade. Também ajudou Katie a se desconectar da sensação de que estava presa em seu corpo – o que era a experiência da entidade. Isso deu a Katie a oportunidade de criar uma mudança. Se quisesse deixar o corpo e buscar um novo, ela teria a oportunidade de fazer isso. Ou ela poderia se instalar e recuperar totalmente seu corpo agora que a entidade se foi. Isso deu a Katie uma escolha sobre o que ela queria criar.

Quando você tem um cavalo que faz coisas irritantes, como pisar ou esbarrar em você, talvez queira verificar e ver se há uma entidade ligada a ele. Alguém pode estar tentando sair. Depois de ter removido a entidade, você pode querer executar *Saída pela esquerda do cenário* no cavalo.

Capítulo vinte e sete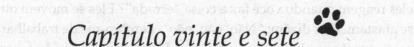

CADA UM PERCEBE ENERGIA DE UM JEITO DIFERENTE

Às vezes, em nossas classes sobre animais, recebo alguma informação ou resposta a uma pergunta diferente do que os participantes recebem, e eles me dizem que, quando isso ocorre, duvidam de sua capacidade de perceber energia. Quando recebo uma resposta diferente da deles, eles podem achar que suas informações estão incorretas ou não são válidas. É importante lembrar que todos percebem a energia de maneiras diferentes. Você não vai obter informações da mesma maneira que eu as recebo. Você vai receber do seu jeito. A informação que você obtém não está errada, é apenas diferente. Quando começar a reconhecer isso, não se invalidará. Confiará nas informações que receber e fará o que parece certo para você. Sempre siga a energia que você percebe.

Depois de começar a fazer esse trabalho, obterá resultados e deixará de duvidar de si mesmo.

Você não vai machucar os animais com esses processos. Como eles reagem quando você faz a coisa "errada"? Eles se movem ou se afastam. Eles dizem: "Não, não, não". Lembro-me de trabalhar com uma égua chamada Foxy Lady. Estávamos tentando fazer *Dimensionalidades recíprocas* na cabeça dela, e ela dizia: "Não, não, não. Deixe isso para lá." Perguntei a ela: "Onde você quer que eu trabalhe?", e captei que era nos pulmões. "Ah, os pulmões. OK, tudo bem."

Quando comecei a trabalhar em seus pulmões, ela disse: "Ah..." Os animais sempre lhe dirão do que precisam. Se você fizer uma pergunta, eles sempre lhe darão a resposta – caso você se permita recebê-la.

À medida que começar a fazer esse trabalho, sua confiança aumentará e você terá mais certeza sobre o que o animal quer e o que precisa ser feito. Você pode fazer todos os processos que estou descrevendo para você. Não há nada que Dain e eu fizemos que você não consiga fazer. Pode ajudar se você participar de uma classe de Access sobre animais conosco e realmente sentir a energia antes de trabalhar com animais pela primeira vez, mas nem isso é necessário se você fizer a pergunta e ouvir a resposta. Se estiver trabalhando em um animal e tiver uma pergunta, sempre poderá pedir: "Gary, ajude!", e você terá as informações de que precisa. Mas isso na verdade é um truque: você me pede as informações de que precisa e o universo lhe dá a resposta – se você estiver ouvindo.

As pessoas me perguntaram como será a percepção delas à medida que se tornam mais conscientes das informações disponíveis. Uma pessoa estava preocupada que isso significasse que ela ouviria uma cacofonia de vozes e informações. Assegurei a ela que isso não aconteceria. À medida que se torna mais consciente, você fica ciente de onde a informação está vindo. É o oposto de uma cacofonia. Você tem a percepção da cacofonia agora. É por isso que você tenta impedir a entrada de informações. Você tenta se impedir de receber informações porque há muita coisa sendo projetada em sua direção o tempo todo. À medida que sua consciência aumenta, você capta os pensamentos, sentimentos e emoções das pessoas ao seu redor, mas saberá de onde vem e verá isso simplesmente como um ponto de vista interessante. A informação chegará a você como uma consciência, não como um monte de barulho.

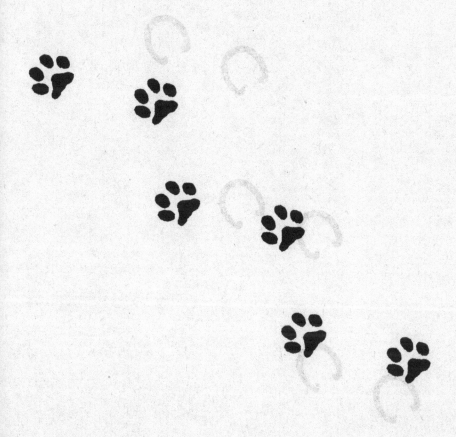

Capítulo vinte e oito 🐾

COM ANIMAIS, AS COISAS SIMPLESMENTE SÃO COMO SÃO

Você não gostaria que as pessoas fossem inteligentes o suficiente para mudar tão rapidamente quanto os animais? A maioria dos humanos coloca tudo em termos intelectuais. Eles dizem coisas como: "Bem, isso aconteceu porque..." Essa abordagem não facilita a mudança, ela facilita o pensamento, as explicações, as decisões e as razões pelas quais esta ou aquela condição está presente.

Animais não fazem isso. Com os animais, as coisas são como são. Eles permitem que tudo seja o que é. Eles não têm nenhum ponto de vista sobre o que está acontecendo. Eles não têm interesse em mudar as coisas. Eles soltam as coisas de maneira rápida e fácil.

Quando trabalha com animais, você também tem essa mesma habilidade disponível. Só precisa estar disposto a deixar as respostas saírem de sua boca e reconhecer que a capacidade de facilitar a cura está em seu ser. Está disponível para você se permitir que venha à tona. Tudo o que precisa fazer é dizer: "Quer saber? O que quer que esse cavalo precise ou o que esse cachorro ou esse gato precise, aqui está." E então dê a eles.

Eles receberão.

Isso é algo que a maioria das pessoas não fará.

Um dos maiores presentes que os animais nos dão é a forma como eles recebem de nós sem questionar, sem julgamento e sem limitação. Eles recebem ilimitadamente. Eles nos dão a oportunidade de fazer a única coisa que a maioria de nós nunca tem a chance de fazer: presentear totalmente tudo o que temos, sem limitação ou consideração. Podemos experimentar isso a qualquer momento que trabalhamos com animais. Temos a oportunidade de estar presente com a energia que existe. Faça perguntas e os animais lhe dirão o que está acontecendo. Eles vão responder às nossas perguntas. Eles vão nos informar o que está acontecendo.

Adoro trabalhar com animais porque consigo expandir o limite do meu próprio saber e percepção para que eu possa ter a consciência de como ajudá-los. Você também pode fazer isso. Os animais permitirão que você saiba tudo o que precisa saber, ser, perceber e receber. Muitas vezes você não consegue fazer isso quando trabalha com pessoas, porque quase todo mundo eliminou o próprio saber.

Somos ensinados a ficar conscientes? Não. Somos ensinados a encontrar a resposta, não a fazer uma pergunta. Somos ensinados a assumir que temos o ponto de vista correto. Não somos ensinados a seguir a energia. Com os animais, não podemos presumir que temos a resposta ou o ponto de vista correto, porque se o fizermos, não obteremos um resultado. No entanto, se fizermos uma pergunta, eles nos darão a resposta. Temos que estar dispostos a receber isso deles. Esse é o presente que eles nos dão toda vez que nos conectamos com eles.

Capítulo vinte e nove

Você não está realizando
a cura

Para encerrar, quero acrescentar uma observação importante sobre como trabalhar com animais, especialmente se você faz isso como um negócio. Não diga que está curando animais. Não sugira que está fazendo a cura. Não é verdade. Você está facilitando o animal e o veterinário para que a cura se realize.

Às vezes, um veterinário dirá: "Tal coisa não pode ser feita". Talvez esse não seja realmente o caso, ou talvez seja uma projeção. Os pontos de vista dele são baseados no conhecimento que ele tem, que é baseado na ciência que ele tem, que é baseado nos humanos com os quais eles trabalham. Eles geralmente não estão dispostos a estar presentes com a energia como ela é. Você pode ajudar o animal ou facilitar o processo de mudança e melhoria dele, mas é imperativo que tenha clareza de que você não está realizando a cura. Você está fazendo uma facilitação para que o animal se cure. Certifique-se de não criar problemas ao fazer afirmações que não são verdadeiras. Seja sagaz na maneira como trabalha com isso.

Capítulo trinta 🐾

ANIMAIS SE COMUNICAM TELEPATICAMENTE

Todos os animais se comunicam telepaticamente. No centro de resgate de animais que mencionei anteriormente, trabalhamos com alguns macacos *rhesus* que estiveram em diferentes andares de um centro de pesquisa, onde foram usados para testar produtos químicos. Um macaco tinha eletrodos em seus olhos, outro macaco em seu cérebro, e o terceiro em seus ouvidos. Os pesquisadores separaram os macacos porque pensaram que obteriam resultados diferentes em cada um deles, mas todos os resultados foram iguais porque os macacos estavam muito sintonizados uns com os outros. Eles contaram uns aos outros o que estava acontecendo e todos tiveram a mesma reação ao teste químico.

Quanto é válida a pesquisa com animais se os cientistas não reconhecem o fato de que eles se comunicam telepaticamente? Pode ser válida? Claro que não! Se os cientistas realmente querem fazer pesquisas em animais, deveriam tentar com humanos, porque eles não são inteligentes o suficiente para comunicar informações telepaticamente uns aos outros.

Como os animais se comunicam telepaticamente, quando criamos uma sensação de paz para um deles, podemos criar isso para todos eles. No ano passado, na Costa Rica, durante nosso evento de sete dias de Access, alguém improvisou um corrimão para amarrar cavalos pregando um tronco de árvore de seis metros em postes. Três dos cavalos ficaram apavorados e arrancaram o corrimão dos postes. Os três tinham seis metros de tronco de árvore entre eles, e ficaram correndo e balançando-os ao redor. Ai, que droga. E havia dez pessoas de Access ao lado deles dizendo: "Ah, isso não é interessante?"

Como era mais fácil parar os cavalos do que fazer as pessoas entrarem na casa, eu disse: "Opa!", e acertei os cavalos com um raio de energia que criou uma sensação de paz. Isso os deteve imediatamente, então fomos capazes de desamarrá-los. Criei um espaço para eles pensarem: "Não preciso ter medo". Isso tirou o medo do universo deles. Você também pode fazer isso se estiver disposto a reconhecer que os animais se comunicam telepaticamente e se você estiver disposto a se comunicar telepaticamente. O truque, quando você está fazendo isso, é dar a eles toda a imagem, de uma só vez, não apenas um elemento dela. A palavra "Opa" não significa nada para um cavalo costarriquenho. Essa não é a palavra que eles usam. Eles dizem: "Ya". Quando acessei os cavalos com "Opa", isso comunicou toda a energia de "paz, silêncio, calma". Foi a isso que eles responderam.

A comunicação com os animais é sobre a imagem que você coloca na cabeça deles com total presença. Cavaleiros realmente bons parecem se comunicar telepaticamente com seus cavalos automaticamente. Eles parecem saber que é assim que os animais se comunicam e entendem como falar com seus cavalos da mesma maneira que os animais se comunicam. Além de *Mister Ed*[5] e *Francis* (a mula falante), não conhecemos nenhum equino falante. Convidamos você a conversar com os animais usando as informações que compartilhamos com você neste livro.

Por favor, saiba que você consegue fazer todas as coisas que nós fazemos. Você pode ter tudo o que descrevemos neste livro e muito mais. Apenas uma coisa é necessária. Você tem que sair e começar a praticar com animais.

_____

[5] *Mister Ed* é uma série de televisão americana que foi ao ar pela primeira vez em 1961. Mister Ed era um cavalo falante.

NOTA AOS LEITORES

As informações apresentadas neste livro são, na verdade, apenas uma pequena amostra do que Access tem a oferecer. Existe todo um universo de processos e classes de Access. Se há lugares onde você não consegue fazer as coisas funcionarem em sua vida do jeito que sabe que poderiam, talvez você se interesse em participar de uma classe de Access ou localizar um facilitador de Access que possa trabalhar com você para lhe dar mais clareza sobre os problemas que você não tem conseguido superar. Os processos de Access são feitos com um facilitador treinado e baseados na sua energia e na da pessoa com quem você está trabalhando.

Para mais informações, acesse:
www.accessconsciousness.com

GLOSSÁRIO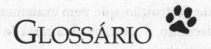

Barras

As Barras são um processo manual que envolve um leve toque na cabeça em pontos de contato que correspondem a diferentes aspectos da vida de uma pessoa. Existem pontos para alegria, tristeza, corpo e sexualidade, consciência, bondade, gratidão, paz e calma. Há até uma barra de dinheiro. Esses pontos são chamados de barras porque a energia se move de um lado para o outro da cabeça.

Ser

Nesse livro, a palavra ser às vezes é usada para se referir a você, o ser infinito que realmente é, em oposição a um ponto de vista artificial sobre quem você pensa que é.

Enunciado aclarador (POD/POC)

O enunciado aclarador que usamos em Access é: *Certo e errado, bom e mau, POD e POC, todas as 9, curtos, garotos, POVADs e aléns.*

Certo e errado, bom e mau é um resumo para: o que é bom, perfeito e correto com relação a isso? O que é errado, mesquinho, vicioso, terrível, mau e horrível com relação a isso? O que é certo e errado, bom e mau?

POC é ponto de criação dos pensamentos, sentimentos e emoções que precedem imediatamente a sua decisão, independentemente de qual for.

POD é o ponto de destruição, que vem exatamente antes do que quer que tenha decidido. É como puxar a carta de baixo do castelo de cartas. Tudo vem abaixo.

Todas as 9 representam as nove camadas de porcaria removidas. Você sabe que em algum lugar dessas nove camadas deve haver um pônei, porque ninguém conseguiria colocar tanta merda em um lugar sem ter um pônei. É a merda a partir da qual você está se gerando, que é a parte ruim.

Curtos é a versão resumida de: o que é significante com relação a isso? O que é insignificante com relação a isso? Qual é a punição para isso? Qual é a recompensa para isso?

Garotos corresponde às esferas nucleadas. Já viu aqueles brinquedos de fazer bolha de sabão? Sopre e você criará um monte de bolhas. Você sopra uma bolha e mais um monte de outras tomam conta do espaço.

POVADs são os pontos de vista que você está evitando e defendendo que mantêm algo em existência.

Que pontos de vista você está defendendo e evitando que mantêm isso no lugar? Tudo que isso é, vezes um deusilhão, você vai destruir e descriar? Certo e errado, bom e mau, POD e POC, todas as 9, curtos, garotos, POVADs e aléns.

Aléns são sentimentos e sensações que você tem e que param seu coração, param sua respiração ou interrompem sua disposição de ver possibilidades. Aléns é quando seu negócio está no vermelho e você recebe outro aviso de cobrança e "eca!". Você não esperava por aquilo.

Às vezes, em vez de dizer "faça o enunciado aclarador", simplesmente dizemos "POD e POC nisso."

CPSIA information can be obtained
at www.ICGtesting.com
Printed in the USA
LVHW031916210723
752764LV00009B/1110